AF452095

MÉMOIRE

SUR UNE QUESTION

D'ADULTERE, DE SÉDUCTION ET DE DIFFAMATION,

POUR le Sieur KORNMAN;

CONTRE la Dame KORNMAN, son Épouse;

LE Sr. DAUDET DE JOSSAN;

LE Sieur PIERRE-AUGUSTIN CARON DE BEAUMARCHAIS;

ET M. LENOIR, Conseiller d'État, & ancien Lieutenant-Général de Police.

1787.

NOTE DE L'ÉDITEUR.

L'AFFAIRE dont il s'agit ici , est d'une haute importance. M. Kornman a présenté ce Mémoire à plusieurs jurisconsultes , tant en Alsace qu'à Paris ; & les a invités à consulter sur les faits qu'il renferme. Ces jurisconsultes n'ont pas osé se rendre à son invitation , redoutant les intrigues du Sr. de Beaumarchais & le crédit de M. Lenoir. Alors M. Kornman , persuadé qu'il ne faisoit qu'un acte de droit naturel , en publiant son apologie , a cru qu'il lui étoit permis de le faire imprimer avec l'avant-propos qu'on va lire. Malheureusement on lui a persuadé qu'une telle démarche étoit illégale , & que les magistrats ne la verroient pas de bon œil. D'après ce conseil , je suis instruit qu'il a abandonné son projet d'imprimer , jusqu'à ce qu'enfin il ait trouvé une signature légale ; & que , pour parvenir à trouver cette signature légale , il a envoyé plusieurs copies de son Mémoire à différens magistrats & juris-

conſultes. Le haſard a voulu qu'une de ces copies ſoit tombée dans mes mains. Je la crois aſſez correcte, à l'exception cependant de quelques paſſages où j'ai cru remarquer des fautes de copiſte. Quoiqu'il en ſoit, pour l'intérêt public, pour l'intérêt des mœurs, & pour l'intérêt de M. Kornman, je penſe qu'on ne me ſaura pas mauvais gré de la publier telle que je l'ai reçue. Je dirois mon nom, ſi, dans cette circonſtance, mon nom pouvoit ajouter quelque choſe à l'authenticité de cet Écrit.

AVANT-PROPOS.

C E Mémoire paroît dans une forme inufitée. Il n'eft revêtu de la fignature d'aucun avocat, quoiqu'un tribunal foit faifi de la conteftation qui en eft l'objet.

Quand on l'aura lu, on verra qu'il n'étoit pas poffible en effet qu'un avocat fe permît de l'autorifer de fa fignature, non pas que dans tous fes détails, il ne foit de la plus exacte vérité, non pas encore qu'il ne foit écrit d'une maniere auffi modérée que pouvoit le permettre la nature des faits qu'il contient.

Mais en y développant un fyftême de perfécution, auffi compliqué dans fes moyens que terrible dans fes effets, je me fuis vu contraint d'y caractérifer avec force des abus d'autorité d'une efpece jufqu'à préfent inouie, & malheureufement l'auteur de ces abus eft un homme occupant de grandes places dans le gouvernement & la magiftrature, & difpofant encore aujourd'hui d'un crédit redoutable.

Je ne pouvois donc recourir à une fignature légale fans compromettre peut-être d'une maniere cruelle, celui qui auroit eu la générofité ou l'imprudence de me l'accorder. Or il m'a paru que je devois diriger contre moi feul toutes les haines que j'éveille, & que je ferois coupable de lâcheté, fi, dans la lice effrayante qui s'ouvre à mes regards, j'effayois de faire partager à d'autres les dangers que je puis courir.

Cependant ce Mémoire n'eſt pas un libelle. Je l'avoüe, je le ſigne , & j'en réponds. Perſonne ne reſpecte les loix plus que moi ; mais quand le crédit les rend impuiſſantes , quand il impoſe ſilence aux hommes chargés de les invoquer en faveur de l'innocence qui les implore , il faut que l'innocence abandonnée ſe mette à côté des loix , & parle au nom de la nature.

MÉMOIRE.

Sæpe mihi dubiam traxit sententia mentem,
Curarent Superi terras, an nullus ineffet
Rector & incerto fluerent mortalia curfu :
Abftulit hunc tandem Rufini pœna tumultum
Abfolvitque Deos ; jam non ad culmina rerum
Injuftos creviffe queror; tolluntur in altum
Ut lapfu graviore ruant.

C L A U D I A N.

CETTE caufe intéreffe à la fois la légiflation & les mœurs. On va voir, en parcourant le récit de mes longues infortunes, combien dans une fociété dépravée, & où toutes les inftitutions qui protégent les mœurs font impuiffantes ou méprifées, le vice a de facilités pour demeurer impuni, le crime de moyens pour fe fouftraire à fa condamnation, l'intrigue de détours pour éviter l'action des loix, la mauvaife foi de reffources pour échapper à leur cenfure. On s'étonnera de ce que peut l'opinion, quand des hommes fans morale en difpofent, quand il eft de leur intérêt d'en diriger les coups contre une tête innocente. On frémira des dangers que court l'homme de bien prefque toujours ifolé, lorfque les méchans s'affemblent pour travailler à fa ruine ; fur-tout on remarquera combien l'autorité arbitraire, & dont aucune loi pofitive ne modere les mouvemens, peut devenir défaftreufe, toutes les fois que, par un concours de circonftances funeftes, l'exercice en eft confié à des mains corrompues.

J'attaque une femme coupable, mais plus à plaindre encore que coupable. Cette femme eft la mere de mes enfans, & telle eft ma trifte fituation, que

A ij

je ne peux, fans manquer à mes enfans, garder plus long-tems le filence fur les fautes de celle qui leur donna le jour.

J'attaque l'homme pervers qui, en traçant à mon époufe une route criminelle, eft devenu le premier auteur de fes égaremens. Sans lui, elle feroit encore l'exemple des époufes & des meres, & les vertus qui me la firent chérir autrefois, n'auroient jamais ceffé d'être fon partage.

Je dénonce à l'opinion publique un homme remarquable par la célébrité malheureufe qui accompagne fon nom, fameux tantôt par des aventures éclatantes, tantôt par des anecdotes honteufes, & qui, toute fa vie, s'eft occupé de publier avec ▓▓▓, le peu de bien qu'il a fait, & de fe vanter avec audace de tout le mal qu'il aime à faire.

Je dénonce à la cenfure des loix un magiftrat revêtu des dignités les plus impofantes, dans les mains duquel l'autorité n'a été, du moins à mon égard, qu'un inftrument d'oppreffion & de vengeance, & dont l'influence fatale a conf▓▓▓ pour jamais ma ruine.

Mes adverfaires font puiffans, & ma perte eft jurée ; mais il ne s'agit plus de vivre pour moi. Échappé aux coups d'un affaffin, après un enchaînement de perfécutions dont les annales de la méchanceté humaine n'offrent peut-être aucun exemple ; n'ayant devant les yeux que le tombeau, où dans peu mes chagrins prolongés me feront defcendre, je n'ai plus d'ennemis à craindre. Il n'eft pas au pouvoir des hommes de me rendre ce que j'ai perdu, & je fuis trop infortuné, pour que leur haine puiffe encore ajouter à mes malheurs.

Cependant quels que foient les maux que j'ai foufferts, & ceux qui me font préparés, mon langage fera par-tout le langage de la modération. Quand on n'a plus de jouiffances à efpérer fur la terre, on eft fans paffion, & les mouvemens d'une ame impétueufe ne conviennent pas à l'homme qui n'a que des devoirs à remplir.

Je commence.

F A I T S.

Je me fuis marié dans le courant de l'année 1774. Mon époufe étoit orphéline au moment où je l'ai connue. Averti par l'expérience des autres, & convaincu par mes propres réflexions, que toute union qui n'a pas pour bafe l'eftime & la confiance mutuelle, n'entraîne que trop fouvent après elle des conféquences malheureufes, j'ai mis entre la promeffe de mon mariage &

fa célébration un intervalle de quinze mois. J'ai voulu que dans cet efpace de tems la dame Kornman s'occupât de fe procurer fur le caractere, l'efprit & l'humeur de l'homme qui lui étoit deftiné, toutes les connoiffances dont elle avoit befoin pour fe déterminer avec prudence.

Libre jufqu'au dernier moment d'admettre ou de rejetter cet homme, dépendant abfolument d'elle feule dans cette circonftance importante de fa vie, la dame Kornman ne s'eft décidée que de fon plein gré, & je n'ai pas à me reprocher d'avoir employé pour obtenir fa main, l'influence d'une volonté étrangere.

J'étois riche, & comme ce n'étoient pas des motifs de convenance & d'intérêt qui avoient déterminé mon mariage, comme j'avois véritablement choifi celle à laquelle j'avois uni mon fort, on juge bien que je regardai comme le premier de mes devoirs de travailler à la rendre heureufe. La dame Kornman en a fait plus d'une fois l'aveu, & je crois qu'elle me doit encore la juftice de dire que jufqu'à l'époque fatale de nos divifions, attentif à l'environner de tout ce qui pouvoit lui faire chérir le nœud qu'elle avoit formé, j'ai mis à fatisfaire fes moindres defirs un empreffement dont peu d'hommes, dans le fyftême actuel de nos mœurs, euffent été capables.

J'avois mon domicile ordinaire à Strasbourg, où j'occupois une place dans la magiftrature; un de mes oncles réfidoit à Paris, à la tête d'une maifon de banque fameufe depuis plus d'un fiecle; quelque tems après mon mariage, il m'écrivit pour m'engager à faire avec mon époufe, un voyage dans la capitale. Je cédai fans peine à fes follicitations. Mon époufe fut accueillie par lui, & par les perfonnes qui compofoient fa fociété, de maniere à lui faire fouhaiter que fon retour en province ne fût pas prochain. Des circonftances particulieres feconderent fes intentions, & j'habite encore la capitale, quoique je n'aie jamais eu l'intention bien décidée d'y fixer mon féjour.

A peu près domicilié à Paris, j'ai vu les fix premieres années de mon mariage, s'y écouler pour moi, de la maniere la plus douce & la plus heureufe; dans le cours de ces fix années, la dame Kornman a mis au monde deux enfans qu'elle a nourris, & auprès defquels je me plais à dire qu'elle a rempli affez long-tems les devoirs que lui impofoit fa qualité de mere, avec l'affiduité la plus touchante & la moins démentie.

Ainfi notre union étoit intime (1). D'après le fyftême de conduite que je

____

(1) Ceci eft prouvé par les dépofitions des dixieme & onzieme témoins de l'information, dont il fera parlé dans le cours de ce Mémoire.

m'étois fait, j'avois l'imprudence de croire qu'aucun événement dans la fuite ne pourroit l'altérer. Il faut que je dife un mot de ce fyftême.

Il m'avoit toujours paru qu'il ne peut exifter d'intimité durable entre la force qui commande, & la foibleffe qui obéit, qu'une confiance abfolue ne fubfifte pas long-tems à côté de l'autorité qu'on fe voit fans ceffe obligé de refpecter ou de craindre ; qu'en un mot, nous fommes tellement nés pour la liberté, que la meilleure maniere peut-être de nous rendre coupables , c'eft de nous placer conftamment vis-à-vis d'une loi impérieufe qui nous défend de le devenir.

D'après cette idée, ne voulant rien attendre du devoir, rien obtenir de cette efpece d'autorité que la loi accorde aux époux dans leur famille, pré-voyant jufqu'aux égaremens dans lefquels des circonftances malheureufes peuvent entraîner une femme imprudente, cherchant même au milieu de ces égaremens, à conferver à la mienne des vertus qui me la rendiffent tou-jours chere ; je lui avois fouvent dit : que fi, au milieu de la dépravation univerfelle des mœurs, il étoit poffible que, fubjuguée par une paffion fatale ou féduite par la force de l'exemple, elle fût foible quelques inftans, je ne lui demandois autre chofe, finon qu'elle refpectât l'opinion ; que déplorant en fecret fes erreurs, je n'euffe pas à rougir de leur publicité ; & qu'ayant fans ceffe devant les yeux fes enfans, elle fe conduisît de maniere à mériter leur eftime, & à en recueillir les fruits, lorfque dans l'âge de la vieilleffe & de l'abandon, leur attachement lui feroit devenu néceffaire.

En même-tems & pour lui donner une preuve de la confiance fans bornes dont je la croyois digne, & pour écarter abfolument d'elle ces funeftes idées de dépendance qui , en éveillant dans le cœur des femmes le defir inquiet de fe fouftraire à la gêne qui les importune, les difpofe à la diffimulation, à l'indifférence, à la haine, & me paroît être ainfi la premiere caufe de leurs défordres, j'avois porté la délicateffe jufqu'à la laiffer maîtreffe abfolue de fa dépenfe , & de celle de fes enfans. Ma caiffe devoit lui fournir fur fes fimples reçus tout l'argent qu'elle demanderoit, & moi je m'étois interdit la faculté d'exiger d'elle aucun compte (1).

Avec une telle morale & des procédés fi nobles , il me femble que je

---

(1) Ceci eft prouvé par les dépofitions des deuxieme, dixieme, onzieme & douzieme témoins, l'interrogatoire de la dame Koraman, qui a précédé l'information.

devois efpérer un avenir au moins tranquille. On va voir combien j'ai été trompé dans mon attente.

Parmi les perfonnes qui fréquentoient ma maifon, je comptois M. le baron de Spon , premier préfident de Colmar. Dans le courant de l'année 1779, M. le baron de Spon me préfenta le fieur Daudet de Joffan , qu'il me dit être l'homme de confiance de M. le prince de Montbarrey. Par la protection de ce miniftre , le fieur Daudet venoit d'être nommé fyndic-adjoint de la ville de Strasbourg ; en cette qualité & en l'abfence de M. Gérard , fyndic en titre , & alors miniftre plénipotentiaire auprès des États - Unis , le fieur Daudet étoit à la tête de notre magiftrature. Il étoit donc tout naturel qu'il s'établît des relations entre le fieur Daudet & moi , & je le reçus dans ma maifon comme un homme qui par fa place méritoit des égards.

Je ne tardai pas à m'appercevoir que ce fieur Daudet pouvoit bien n'être qu'un intrigant. A peine admis chez moi , il me fit une propofition d'argent affez indifcrette , & dont je crois inutile de rendre compte ici ; je fis part de la propofition à M. le premier préfident de Colmar , & je le priai de me dire ce que je devois penfer de l'homme qu'il m'avoit préfenté.

M. le premier préfident ne me diffimula pas que le Sr. Daudet étoit un perfonnage très-dangereux , parvenu par toutes fortes de voies à furprendre la bienveillance de madame la princeffe de Montbarrey & de fa fille , & à obtenir ainfi un grand crédit auprès de M. le prince de Montbarrey ; qu'il me convenoit de me défier de lui , d'autant plus , qu'aucun principe d'honnêteté publique & particuliere ne l'arrêtoit dans l'exécution de fes deffeins , & que je ferois fagement de veiller avec la plus fcrupuleufe attention fur fa conduite.

Je fis part de cette découverte à mon époufe ; je n'ai pas befoin de dire que je l'invitai en même tems à ne pas accorder beaucoup de confiance à un homme, qui certainement chercheroit à mettre à profit fon inexpérience, & ne négligeroit aucun moyen pour l'entraîner dans des démarches fatales à notre commun repos.

La dame Kornman me répondit que je pouvois être tranquille fur le fieur Daudet, qu'il lui déplaifoit trop pour obtenir jamais quelque empire fur fon efprit, qu'elle avoit une averfion naturelle pour la couleur de fes cheveux ; qu'une femme ne favoit pas furmonter une répugnance de cette efpece, que cependant , puifqu'il lui avoit été préfenté , elle continueroit à le recevoir ;

mais que ce feroit avec tant de réferve , & une politeffe fi févere, qu'il per-
droit bien vîte tout efpoir d'obtenir aucune préférence auprès d'elle.

D'après une affurance fi pofitive, je ne cherchai point à éloigner le fieur
Daudet de chez moi ; il y vint comme auparavant ; je lui rendis même
quelques fervices , en confidération de la protection très-publique dont M. le
prince de Montbarrey daignoit l'honorer.

J'aurois dû mieux juger le fieur Daudet & me faire une idée plus réfléchie de fon adreffe & de fes reffources ; fes vifites ne furent pas long-tems
infructueufes ; je m'en apperçus au changement très-remarquable qui s'opéra
dans le caractere de la dame Kornman ; elle eut befoin de diffimuler, & fa
confiance en moi s'éteignit. Ses enfans ceffierent d'être la premiere & la plus
douce de fes occupations ; fes maximes de conduite changerent abfolument,
& fon ton , pour toutes les perfonnes qui la fervoient, ou qui l'approchoient,
ne fut plus le même.

Comme je lui étois fincérement attaché , on fe doute bien que la révolution
qui fe fit en elle , dut m'affecter vivement. De quelque modération , de
quelque philofophie qu'on foit doué , on ne voit pas fi brifer fans regret la
plus chere & la plus puiffante de fes habitudes ; & fi la femme à laquelle
on a confié fa deftinée obéit à une erreur qui doit lui être funefte , & dont
les conféquences pour elle ne peuvent être que honteufes, il eft difficile que
l'inquiétude qui fe mêle alors au chagrin, ne lui donne une activité cruelle,
& ne le prolonge d'une maniere fatale pour celui qui l'éprouve.

Infenfiblement ma fanté s'altéra; la néceffité de la rétablir me contraignit
de partir pour les eaux de Spa. Avant mon départ, livré à des preffenti-
mens finiftres, je conjurai, de la maniere la plus preffante, la dame Kornman
d'ouvrir les yeux fur l'abyme qui fe creufoit fous fes pas. Par la confidération
de ce qu'elle fe devoit à elle-même, & fur-tout de ce qu'elle devoit à fes
enfans, je la fuppliai de ne pas fe livrer davantage à un homme fans morale, & dont la féduction me paroiffoit d'autant plus dangereufe, que je
n'entrevoyois déjà que trop que , chez lui, elle avoit moins pour caufe une
paffion véritable , que le befoin de tirer parti pour fa fortune de la malheureufe complice de fes égaremens.

Mes remontrances furent inutiles ; de retour des eaux de Spa, j'apprends
qu'en mon abfence la dame Kornman a tenu la conduite la moins mefurée ,

que

que le Sr. Daudet lui a fréquemment affigné des rendez-vous (1) chez lui , & qu'il s'y eft paffé des fcenes d'une efpece affez étrange , pour que le voifi-nage en ait été fcandalifé. L'intérêt du Sr. Daudet , comme de tous les hommes de fon caractere , étoit en effet de rendre la dame Kornman cou-pable avec éclat , de donner une grande publicité à fes démarches , afin d'intéreffer fon amour-propre à les foutenir , & de lui devenir ainfi d'autant plus néceffaire , qu'après des fautes trop remarquées , il y auroit plus de honte pour elle à revenir fur fes pas.

Cependant le Sr. Daudet fe rendit à Strasbourg pour y remplir les fonc-tions de fyndic-adjoint de M. Gérard.

La dame Kornman qui ne pouvoit plus fe féparer de lui , defira faire un voyage à Bâle , dans le deffein , difoit-elle , d'y voir fa famille , & me pria de l'y conduire avec fes enfans. Strasbourg eft fur la route de Bâle. Je n'eus donc pas de peine à deviner le vrai motif de fa demande. J'y confentis néanmoins , dans l'efpoir que vivant parmi les fiens , rappellée à des mœurs fimples , & n'ayant fous les yeux que des fpectacles de paix & de bonheur do-meftique , elle feroit quelques réflexions fur elle-même & fentiroit peut-être la néceffité de renoncer à une liaifon , dont il me fembloit qu'elle devoit déjà connoître tout le danger ; j'exigeai feulement d'elle pendant le féjour qu'elle feroit à Strasbourg , qu'elle s'y conduisît de maniere à fe ménager l'eftime des perfonnes qu'elle feroit dans le cas de fréquenter.

Nous partimes. Dans la route , livré à ces réflexions férieufes , mais pai-fibles & douces qu'infpirent l'afpect de la campagne & la confidération de la vie fimple qu'on y mene , je m'entretenois fouvent avec la dame Kornman du bonheur qu'on goûte à exifter au fein des jouiffances tranquilles que la nature a prodiguées fur la terre , pour la félicité de l'homme toujours inquiet & mécontent ; je lui faifois remarquer avec quelle rapidité les évé-nemens dont la vie fe compofe , fe fuccedent & s'écoulent , comme l'âge des infirmités arrive promptement , comme tous les faux plaifirs qui nous ont occupés paffent & s'effacent , comme il importe pour les derniers jours de notre exiftence , fi fugitive & fi courte , de fe ménager une confcience fans remords ; combien , à mefure que les habitudes qui nous attachent au monde fe refferrent ou s'éteignent , il eft doux d'avancer fans inquiétude vers le terme

---

où toutes les illusions cessent , où la vérité seule demeure avec le souvenir consolant du bien qu'on a fait.

Ces conversations attachantes par leur objet , arrachoient souvent à la dame Kornman des aveux mêlés de larmes de repentir. J'osai quelques instans espérer qu'elle feroit enfin un retour sérieux sur elle-même. Malheureusement aux approches de Strasbourg l'homme dangereux paroît (1). En un instant ses bonnes résolutions sont oubliées, elle ne voit plus que lui, & la fatale passion qui l'égare reprend tout son empire. A Strasbourg , toutes les regles de la décence sont enfreintes , aucune bienséance n'est respectée ; elle affiche de la maniere la moins équivoque l'attachement qui la déshonore. Je crois devoir lui faire en conséquence quelques observations ; elle ne me répond qu'avec le ton de l'aigreur & de l'insulte ; je sens alors qu'il est prudent d'abréger son séjour à Strasbourg , & je la conduis à Bâle au milieu des siens.

Je ne restai pas à Bâle. Persuadé que , quelle qu'y pût être ma maniere d'agir , il seroit difficile que je n'eusse pas l'air d'exercer auprès d'elle une censure importune , & qu'ainsi blessant involontairement son amour-propre, je ne l'empêchasse de mettre à profit pour sa raison le séjour qu'elle devoit y faire, je me déterminai à m'éloigner. M. le Comte de Maurepas m'avoit prié de m'occuper d'une entreprise à laquelle lui & M. le prince de Montbarrey s'intéressoient beaucoup ; je fis un voyage de plusieurs semaines, pour examiner la possibilité & les avantages de cette entreprise (2). Je revins ensuite.

Je n'eus pas besoin en arrivant de faire de grandes informations sur la conduite de la dame Kornman. A peine fus-je descendu dans l'auberge où elle logeoit, qu'on m'apprir que le Sr. Daudet y étoit venu plusieurs fois de Strasbourg, qu'il y avoit passé des nuits avec elle , & qu'il s'y étoit comporté avec tant d'indécence & de scandale, qu'il y avoit excité l'indignation, nonseulement des personnes qui séjournoient dans l'auberge , mais de la ville entiere, où mon épouse & lui étoient devenus le sujet ordinaire de la plupart des conversations (3).

---

(1) Ceci est prouvé par la déposition du douzieme témoin.

(1) Le canal de Bourgogne, proposé par M. le Comte de Brancion , & exécuté depuis par les États de Bourgogne.

(3) Ceci est prouvé par les dépositions des premier, troisieme, cinquieme, douzieme & vingt-septieme témoins.

Il m'étoit donc démontré que , pour le moment au moins, aucune confidération n'arrêteroit la dame Kornman , & je n'attendis plus fon retour à fes devoirs que du tems, qui amene ordinairement après lui le dégoût des liaifons que le libertinage a formées.

Je la ramenai à Paris. Au mois de décembre 1780 , M. le prince de Montbarrey quitta le miniftere. A cette époque je lui rendis un fervice confidérable, un fervice qui pouvoit compromettre une grande partie de ma fortune , & que peu de gens dans les circonftances difficiles où il fe trouvoit, lui euffent rendu d'une maniere auffi défintéreffée , auffi délicate , & , qu'il me foit permis de le dire, auffi noble que moi. Il faut que le public fache que M. le prince de Montbarrey eft devenu depuis un de mes plus ardens perfécuteurs. Plus j'ai été généreux avec lui, & plus il a oublié qu'il devoit être reconnoiffant. Lorfque je me fuis vu contraint d'élever la voix, quand j'ai été forcé de demander juftice avec éclat , je l'ai rencontré par-tout oppofant fon crédit à mes réclamations. Il eft au-deffous de moi de dire ce que j'ai fait pour lui , & la feule vengeance que je veuille tirer ici de fes procédés, c'eft, en traçant une partie des conféquences funeftes qu'ils ont eus, de l'accabler de mon filence , & de lui laiffer des remords.

La retraite du prince de Montbarrey fut fatale au Sr. Daudet. Il perdit fa place de fyndic à Strasbourg avec les apointemens qui y étoient attachés, & fut à-peu-près réduit pour toute reffource à la bourfe de la dame Kornman.

Jufqu'alors je n'avois eu fur le Sr. Daudet d'autres renfeignemens que ceux que m'avoit donnés M. le baron de Spon. L'idée que je m'étois formée de fa maniere d'être avoit été enfuite le réfultat de mon expérience. Le hafard à cette époque fit tomber dans mes mains un volume d'un ouvrage périodique affez connu, intitulé : *Mémoires Secrets.* Je trouvai dans ce volume un article où le fieur Daudet eft peint des plus noires couleurs , & où , en rendant compte de quelques anecdotes de fa vie , on laiffe entrevoir de quelles actions au befoin il peut devenir capable (1).

---

(1) 18 octobre 1779. » Un fieur Daudet de Joffan, connu dans la littérature par quelques opufcules , fur-tout par des critiques fur le Sallon très-ingénieufes , s'imaginant que ce n'étoit pas le meilleur parti à tirer de fon efprit , & que cette faculté nous étoit fpécialement accordée par la nature, pour faire des dupes, s'eft jetté dans les intrigues de toute efpece. Il a efcroqué tant qu'il a pu ; abymé de dettes, mis en prifon, châtié par la police , il ne s'eft rebuté de rien : il eft forti de la fphere des courtifannes, dans laquelle il s'étoit concentré d'abord ; il s'eft faufilé

Dans un voyage que je fis exprès à Verſailles, je crus devoir prendre, auprès de pluſieurs perſonnes reſpeƈtables & bien inſtruites, des informations préciſes ſur la vérité de l'article que j'avois lu ; non-ſeulement on me confirma tout ce que j'y avois trouvé, mais on y ajouta des détails propres à m'inſpirer les plus vives allarmes.

De retour chez moi, je communiquai à la dame Kornman les notions que je venois de me procurer ; d'après ces notions je lui obſervai qu'ayant des enfans, je ne devois me conſidérer que comme le dépoſitaire de ma fortune & de la ſienne, que l'une & l'autre ſeroient bientôt diſſipées, s'il falloit les prodiguer au gré d'un perſonnage ſans mœurs, & qui juſqu'à ce moment n'avoit vécu que d'intrigues ; qu'en conſéquence il ne m'étoit pas poſſible de lui laiſſer, comme auparavant, la libre diſpoſition de ma caiſſe ; que ſans vouloir encore mettre des bornes à ſa dépenſe particuliere, j'entendois veiller par moi-même ſur tout ce qui concernoit la dépenſe commune de ma maiſon, & en même-tems, pour lui prouver que c'étoit la ſeule néceſſité des circonſtances & non pas le deſir de me venger, qui me forçoit d'agir ainſi, j'acquittai ſans différer un compte ſe montant à la ſomme de dix mille livres, pour des arrangemens de diamans qu'elle avoit fait faire à mon inſçu.

On ſe doute bien que ce nouvel ordre de choſes ne plut pas au Sr. Daudet. Je n'ai nulle envie de lui créer ici des crimes imaginaires. Mais je ſuis perſuadé que, dès cet inſtant, il s'occupa de mettre à exécution un projet qui n'étoit peut-être encore que confuſément éclos dans ſa tête. Ma ſanté étoit viſiblement altérée. Si je ſuccombois à mes peines, il pouvoit épouſer la dame Kornman, & tenir ainſi toute ma fortune à ſa diſpoſition ; il lui convenoit donc de m'environner dans mon intérieur, de circonſtances aſſez cruelles & aſſez prolongées pour que je ne puſſe long-tems y reſiſter.

---

chez les grands, chez le prince Louis, chez la baronne de Nœukergue, chez le duc de Chartres, chez le duc d'Aiguillon ».

» Chaſſé de ces divers endroits, il s'eſt relevé de nouveau, & tout récemment a gagné la confiance du prince de Montbarrey. Comme il eſt Allemand, & parle la langue de cette nation, il lui a ſervi d'agent, pour négocier à l'occaſion des difficultés élevées ſur le mariage projetté du prince de Naſſau, avec la fille de ce miniſtre ; & pour récompenſe, celui-ci vient de le faire nommer ſyndic de la ville de Straſbourg, par adjonƈion avec M. Gérard, en ayant l'exercice. Cette place, la plus belle après celle de préteur, l'a mis à la tête du corps municipal de cette ville, compoſé de la plus haute nobleſſe ; on ne ſait pas comment elle ſouffrira d'être préſidée par un poliſſon de cette eſpece, petit-fils de Mlle. Le Couvreur, ci-devant abbé & précepteur du fils de M. de Lucé, ancien intendant de la province, &c. &c. »

D'après cette idée, il détermina la dame Kornman à mettre avec moi plus d'audace dans fa conduite, à me fatiguer par des querelles domeftiques fans cefse renaiffantes, à troubler par des difcuffions de toute efpece, la paix dont au moins j'avois joui jufqu'alors. Lui-même affecta des airs de maître à ma table, fous les yeux de mes gens, & en préfence des perfonnes qui étoient dans l'habitude de fréquenter ma maifon.

J'avois fait preuve de patience. Enfin elle m'échappa. Un jour que le Sr. Daudet s'étoit conduit avec plus d'impudence qu'à l'ordinaire, j'eus avec lui en préfence de la dame Kornman une explication très-énergique. Après un préambule, où je lui laiffai entrevoir le mépris qu'il m'infpiroit, je lui déclarai que fi je n'écoutois que mon reffentiment, je le ferois fur le champ jetter par mes fenêtres, mais que je croyois devoir encore quelque refpect à mon époufe, que pour ménager fa réputation déjà trop compromife, je voulois bien ne pas rompre avec lui d'une maniere éclatante ; qu'en conféquence j'entendois qu'il ne vînt chez moi que lorfque je l'inviterois, très-décidé à ne pas rendre ces invitations fréquentes, à ne plus fouffrir qu'elles dégénéraffent en converfations particulieres avec la dame Kornman, & réfolu de les fupprimer abfolument, dès que la bienféance me le permettroit (1).

Cet acte de fermeté en impofa pour quelque tems aux deux coupables. Le Sr. Daudet en particulier confentit à fe foumettre à la loi que je lui prefcrivois, & l'un & l'autre me promirent une conduite plus réfervée pour l'avenir. Ces promeffes, arrachées par la crainte, n'eurent aucune exécution. Malgré des ordres féveres donnés à mes domeftiques, le Sr. Daudet, comme auparavant, vint chez la dame Kornman tous les jours & à toutes les heures du jour. La dame Kornman, d'un autre côté, ne garda plus aucun ménagement avec moi. Une guerre ouverte me fut déclarée. Elle m'infultoit à ma table, en préfence de mes gens, & par-tout où l'occafion de le faire avec éclat lui étoit offerte (2).

Il étoit tems de prendre un patti. Je ne pouvois me réfoudre encore à m'écarter des principes de douceur & de modération que je m'étois faits : le parti auquel je m'arrêtai, fut conforme à ces principes. La dame Kornman avoit à Bâle un frere ainé, qui pouvoit avoir quelqu'empire fur fon efprit ;

---

(1) Ceci eft prouvé par les dépofitions des neuvieme, dixieme, onzieme, douzieme, vingtieme & vingt-feptieme témoins.

(2) Ceci eft prouvé par les dépofitions des neuvieme & douzieme témoins.

je me déterminai à écrire à ce frere; &, lui faifant part de ma fituation, je le preffai de fe rendre auprès de moi. Il y vint, &, pendant fept femaines de féjour, il fit tout ce que fon amitié pour fa fœur pouvoit lui fuggérer, afin de l'engager à rompre une habitude qui ne pouvoit lui préparer pour l'avenir que des jours malheureux. Tous fes efforts, toutes fes remontrances furent vaines; & il eut la douleur de partir fans avoir rien obtenu.

Après fon départ, la dame Kornman affeêta, dans fa maniere d'agir, une liberté encore plus effrénée qu'auparavant. Les chofes en vinrent au point, que ceux de mes gens qui m'étoient attachés, & devant lefquels on avoit tenu affez fouvent des propos qui annonçoient combien mon exiftence, avec les projets qu'on avoit formés, devenoit importune, commencerent à trembler pour mes jours (1). Quelques-uns de mes amis qui connoiffoient le Sr. Daudet, étoient depuis long-tems alarmés. Enfin l'un d'eux, le fieur d'Erville, intendant des armées du roi, & chef des bureaux de la guerre, jugeant mieux que moi les dangers dont j'étois environné, prit fur lui d'en inftruire M. Lenoir, alors lieutenant de police.

D'après le compte que lui rendit le Sr. d'Erville, ce magiftrat me fit prier de paffer chez lui; j'y allai, & je lui fis un expofé fimple, mais affez dé-taillé, de ma pofition. Rien ne le furprit dans mon récit. Il ne me diffimula pas qu'il connoiffoit le Sr. Daudet comme un homme capable de tous les crimes; & en raifonnant avec moi fur le parti qu'il me convenoit de prendre, il me confeilla de demander une lettre de cachet, & de faire arrêter fur le champ la dame Kornman, afin de la fouftraire le plutôt poffible à fon dangereux empire. Je réfiftai. Dans une légiflation auffi imparfaite que la nôtre, il y a fans doute un petit nombre de circonftances où une lettre de cachet peut devenir néceffaire; mais comme on ufe de ce moyen plus fouvent d'une maniere nuifible qu'avantageufe, comme il n'eft trop ordinairement dans les mains qui l'employent, qu'un inftrument de vengeance, comme il n'eft jamais accompagné d'aucune de ces formalités fagement prefcrites par la loi, pour concilier le refpeêt que l'autorité doit à la liberté de l'homme avec la néceffité où elle eft quelquefois de s'affurer d'un accufé, ou de s'emparer d'un coupable, il m'en coûtoit d'y recourir. J'avouai ma répugnance à M. Lenoir, & je l'invitai à chercher avec moi une maniere plus douce d'arracher la dame Kornman à fon féduêteur.

---

(1) Ceci eft prouvé par les dépofitions des deuxieme & douzieme témoins.

Alors M. Lenoir, avant de prendre aucun parti, me propofa de faire fuivre la dame Kornman, par ce qu'on appelle un train de police. J'y confentis; & le Sr. Surbois, infpecteur de police, fut chargé de cette commiffion.

Il réfulta des lumieres qu'on parvint à fe procurer par cette voie, que la dame Kornman voyoit tous les jours le Sr. Daudet; que, lorfqu'elle ne pouvoit le recevoir chez elle, il lui affignoit des rendez-vous, foit au bois de Boulogne, foit au bois de Vincennes, foit chez lui; & qu'elle étoit dans l'ufage de mettre des fignaux à fa fenêtre, pour indiquer la marche de fa journée à un domeftique que j'avois été obligé de chaffer; parce que, par des propos imprudens, il avoit donné lieu de croire qu'il en vouloit à ma vie (1).

On m'apprit encore qu'une partie des diamans de la dame Kornman avoit été portée au Mont-de-Piété par une dame Goujon, à laquelle le Sr. Daudet avoit perfuadé que cette partie de diamans appartenoit à la jeune princeffe de Naffau qui avoit befoin d'argent, & qui vouloit s'en procurer à l'infçu de fes parens.

Enfin on découvrit que le Sr. Daudet étoit abfent, & qu'il avoit employé l'argent qu'il avoit retiré du Mont-de-Piété, à faire un voyage en Hollande, entrepris à la follicitation du prince de Naffau-Siegen qui avoit efpéré trouver en lui des reffources pour obtenir du ftathouder le paiement de quelques anciennes créances qu'il prétendoit lui être dues par la maifon d'Orange.

Parmi toutes ces découvertes, je ne fus prefque frappé que d'une chofe, de l'abfence du Sr. Daudet. Il me parut que cette abfence étoit une circonftance favorable que je pouvois mettre à profit, pour faire un dernier effort fur l'efprit de la dame Kornman. J'en parlai de cette maniere à M. Lenoir, & je me flattai que, fecondé par lui, je réuffirois mieux auprès d'elle, que je ne l'avois fait jufqu'alors.

Malheureufement, tandis que je me livrois à cet efpoir, on fut informé qu'il exiftoit une correfpondance entre le Sr. Daudet & la dame Kornman, & on parvint à furprendre quelques lettres de cette correfpondance, écrites par le Sr. Daudet. Dans ces lettres où regne un affreux cynifme, où le ton du libertinage le plus groffier fe fait remarquer feul, où l'on chercheroit en vain

---

(1) Ceci eft prouvé par l'interrogatoire de la dame Kornman, les lettres du Sr. Daudet, les dépofitions des huitieme, neuvieme, douzieme & vingtieme témoins.

parmi des expreſſions obſcenes, ce langage toujours ſi intéreſſant des paſſions qu'on eſt tenté de pardonner encore, même lorſqu'elles ne méditent que des attentats. On liſoit, après quelques obſervations criminelles ſur la foibleſſe de ma ſanté, que le jour des vengeances n'étoit pas éloigné, que le Sr. Daudet reviendroit dans peu délivrer la dame Kornman de ſon *tyran*, & qu'à ſon retour il frapperoit *les grands coups* (1).

Il n'y avoit pas de tems à perdre. M. Lenoir me déclara que différer davantage à faire arrêter la dame Kornman , c'étoit tout-à-la-fois , & compromettre ma ſûreté , & l'expoſer elle-même à devenir la complice d'un crime ; je voyois de la même maniere que lui , mais une lettre de cachet me paroiſſoit toujours un moyen trop rigoureux. Enfin ſur ſes obſervations réitérées , je ſentis la néceſſité d'y recourir & je me rendis chez M. Amelot avec une lettre de ſa part , & la correſpondance qu'on venoit d'intercepter.

M. Amelot me tint le même langage que M. Lenoir. Je lui dis que je déſirois voir M. de Maurepas , il me répondit que cela ne m'étoit pas poſſible , parce que ce miniſtre étoit alors tourmenté par la goutte , mais qu'il l'inſtruiroit de tout ce qui ſe paſſoit , & que d'ailleurs , dans cette circonſtance , il ne faiſoit rien que d'accord avec lui.

M. Amelot me demanda en même-tems où je voulois que la dame Kornman fût placée ; je lui répondis que le lieu m'étoit indifférent , pourvu qu'il fût décent , & qu'on pût couper toutes les relations qui exiſtoient entr'elle & le Sr. Daudet ; je le priai ſeulement qu'on ne lui donnât pas pour demeure un couvent , parce qu'elle étoit Proteſtante , & que quoique Proteſtant moi-même , peut-être ſes proches en prendroient-ils occaſion de dire que je cherchois à lui faire changer de religion. M. Amelot approuva mon obſervation , & me quitta en m'aſſurant que M. Lenoir m'indiqueroit une maiſon convenable.

Le lendemain je me rendis à la police. M. Lenoir me remit la lettre de cachet ; je l'avoue , quand j'eus cette fatale lettre dans les mains , un tremblement univerſel me ſaiſit , je ne pouvois me défendre de voir dans celle qui en étoit l'objet , la femme que j'avois long-tems aimée , que j'aimois toujours , celle qui , pendant ſix années de paix & de bonheur , avoit rempli

---

(1) Ceci eſt prouvé par les lettres du Sr. Daudet , notamment par les huitieme , neuvieme , dixieme & douzieme témoins.

avec

avec l'affiduité la plus touchante, fes devoirs d'époufe & de mere. Des larmes involontaires couloient de mes yeux ; fi je n'avois eu qu'un crime à punir, certainement je l'euffe pardonné ; mais malheureufement on m'épouvantoit, on me parloit d'un crime à empêcher ; pouvois-je être indulgent encore fans devenir coupable moi-même ? Et d'ailleurs, de quoi s'agiffoit-il dans les circonftances où je me trouvois ? D'ufer fimplement d'une févérité momentanée pour interrompre une féduction dont tous les progrès avoient été jufqu'alors marqués par des fautes & fembloient devoir déformais n'être marqués que par des attentats.

Cette derniere confidération me rendit un peu de fermeté ; je remis à l'infpecteur Surbois, la lettre de cachet à exécuter. En même-tems, efpérant que la détention de la dame Kornman ne dureroit pas, & voulant, quand il en feroit tems, qu'elle pût reparoître dans le monde, avec toute l'intégrité de fa réputation, je m'arrangeai de maniere à ce que dans ma propre maifon, nul, à l'exception d'une feule perfonne qu'il m'étoit indifpenfable de mettre dans le fecret, ne pût être inftruit de ce qui alloit fe paffer. Je crois inutile de rendre compte ici de toutes les précautions que je pris pour arriver à mon but. Il fuffit qu'on fache que je réuffis affez bien pour que le lendemain de l'exécution de la lettre de cachet, ayant annoncé, & chez moi & parmi mes connoiffances, que la dame Kornman étoit allée paffer quelques jours à la campagne, & que delà, fon deffein étoit de faire un voyage dans fa famille, il ne vînt, ni dans l'efprit de mes gens, ni dans celui de mes amis, de foupçonner la vérité d'un événement dont je voulois effacer toutes les traces.

La dame Kornman fut conduite en vertu de l'ordre du Roi, chez les dames Douai, à la Nouvelle-France. Il avoit été convenu que j'y payerois fon entretien à raifon de deux mille écus par année ; d'ailleurs, j'avois recommandé aux dames Douai d'avoir pour elle tous les égards poffibles, de ne lui rien refufer de tout ce qui pouvoit rendre fa fituation plus douce, & moi-même j'avois foin de lui envoyer en vins recherchés, en liqueurs & autres chofes de ce genre, tout ce qu'elle étoit accoutumée à trouver dans ma maifon, lorfqu'elle n'avoit qu'à défirer pour obtenir (1).

Le lendemain du jour où la·dame Kornman fut arrivée chez les dames

______

(1) Ceci eft prouvé par les dépofitions des quatrieme, fixieme, feptieme, huitieme, quatorzieme & quinzieme témoins.

Douai, le commiſſaire Vanglenne s'y tranſporta , & lui fit ſubir un interrogatoire en deux ſéances. Dans la ſeconde ſéance, elle ne parla pas avec autant
de vérité que dans la premiere , & il y a tout lieu de croire , qu'entre l'une
& l'autre , on lui fit parvenir quelques conſeils dans ſa retraite. Quoi qu'il en
ſoit , néanmoins l'interrogatoire conſtate, de la maniere la plus poſitive, ſes
liaiſons habituelles & ſa correſpondance avec le Sr. Daudet. On avoit trouvé
dans cette correſpondance qu'elle étoit enceinte , & que le Sr. Daudet étoit
l'auteur de ſa groſſeſſe. Dans ſes réponſes , elle avoue avec la plus grande
franchiſe , tout ce que la correſpondance n'indiquoit déjà que d'une maniere
trop claire. Il faut dire tout de ſuite ici que cet aveu, la dame Kornman l'a
fait depuis l'interrogatoire à différentes perſonnes qui l'ont conſigné dans
leurs dépoſitions , lorſque je me ſuis vu contraint de faire informer contr'elle.

Dans les premiers momens de ſa détention, la dame Kornman parut vouloir
revenir ſérieuſement de ſes erreurs ; elle m'écrivit une lettre où, reconnoiſſant
toutes ſes fautes, elle me ſupplioit au nom de ſes enfans , de les oublier , &
finiſſoit par m'inviter à l'aller voir. Je montrai la lettre à M. Lenoir, & nous
nous rendîmes enſemble auprès d'elle.

Quand je la vis , ſon malheur préſent m'occupa tout entier ; laiſſant là le
paſſé dont je cherchois à ne plus me reſſouvenir , je m'affligeai vivement de
ce que par de continuelles imprudences , par une conduite indécente avec
trop d'éclat , par ſa confiance ſans réſerve dans l'homme dangereux qui
l'avoit perdue , elle m'avoit réduit à la néceſſité cruelle de conſentir à ce
que l'autorité s'interpoſât entr'elle & moi , pour interrompre le cours de ſes
déſordres. Je lui dis que j'étois perſuadé qu'elle me connoiſſoit aſſez pour être
convaincue que dans ce qui venoit d'arriver, je n'avois été conduit par aucun
motif de haine ou de vengeance ; que me venger d'elle , étoit au-deſſus de
mes forces ; que la haïr , n'étoit pas en mon pouvoir ; que l'aimer & la
plaindre & ſouhaiter qu'elle revînt à ſes devoirs , étoit tout ce que je ſavois
faire après des outrages multipliés & une modération trop long-tems mé-
connue. J'ajoutai qu'elle étoit libre à l'inſtant, ſi elle vouloit ſe rendre dans
ſa famille , & quitter pour quelques mois le théâtre de ſes erreurs.

Il me ſembla que la dame Kornman m'écoutoit avec intérêt , & qu'elle
alloit conſentir à ce qu'il me paroiſſoit prudent d'exiger d'elle. Il faut tout
remarquer ici , c'étoit la troiſieme fois que M. Lenoir voyoit la dame
Kornman ; j'étois trop occupé pour faire attention à autre choſe qu'à l'in-

fortunée que j'avois devant les yeux. A peine lui eus-je fait la propofition dont je viens de parler , à peine lui eus-je expliqué la néceffité où elle fe trouvoit de l'accepter, que M. Lenoir nous quitta. Refté feul auprès d'elle , je revins à ma propofition , & je fus étrangement furpris de voir qu'après avoir paru l'admettre , elle la rejettoit avec opiniâtreté. Elle me déclara qu'elle ne pouvoit confentir à quitter Paris , & qu'elle aimoit mieux demeurer au lieu de fa détention , que de retourner parmi les fiens. D'ailleurs, je ne trouvai plus dans les difcours qu'elle me tint, l'expreffion du repentir & de la douleur. Qui avoit pu la porter ainfi à changer fi foudainement de langage ? Si je m'étois fait accompagner à cette conférence par mon ennemi fecret, fans doute, un figne, un coup-d'œil de cet ennemi auroit pu déconcerter tous mes efforts; mais j'étois avec M. Lenoir , je n'avois rien fait que par fon confeil , & tout me difoit que ma confiance en lui devoit être fans bornes ; je ne veux pas anticiper ici fur les événemens. Trop fage ou trop crédule, je ne foupçonnai autre chofe alors , finon, que la préfence de M. Lenoir en avoit d'abord affez impofé à la dame Kornman , pour qu'elle fe montrât prête à faire tout ce que je pouvois exiger d'elle , & que fa retraite enfuite l'avoit malheureufement rendue à fes difpofitions ordinaires. Dans cette idée , je retournai à M. Lenoir, & fur le récit que je lui fis de la maniere dont notre conférence s'étoit terminée, il fut convenu entre nous que , jufqu'à ce que la dame Kornman eût accepté ma propofition , elle demeureroit dans le lieu où il l'avoit fait conduire.

Qu'on me pardonne les détails dans lefquels je viens d'entrer. On verra dans peu qu'ils ne font pas inutiles.

Cependant le Sr. Daudet étoit de retour de Hollande. Son premier foin , comme on l'imagine , fut de mettre tout en œuvre pour faire révoquer l'ordre qui avoit privé la dame Kornman de fa liberté ; entr'autres moyens qu'il employa, il écrivit à un jeune frere de la dame Kornman , qui venoit d'achever fes études à l'univerfité de Gottingue (1) , & lui perfuadant que lui feul pouvoit fouftraire fa fœur à la tyrannie dont elle étoit , difoit-il, la victime , il eut affez de crédit pour l'engager à fe rendre à Paris. Le jeune homme en arrivant, vint me trouver. Ne foupçonnant en aucune maniere fa liaifon avec le Sr. Daudet, je le logeai chez moi. Puis je lui appris , ou plutôt

---

(1) Ceci eft prouvé dans le recueil des pieces juftificatives , une lettre du Sr. Daudet, du 10 août 1784.

je crus lui apprendre la malheureuse aventure de sa sœur, & persuadé qu'il pourroit lui ouvrir les yeux sur les dangers de toute espece dont elle étoit environnée, j'obtins pour lui de M. Lenoir la permission de la voir toutes les fois qu'il le jugeroit à propos. Je me déterminai ensuite à faire un second voyage aux eaux de Spa, dévoré de chagrins & cherchant quelque diversion à mes peines.

Avant mon départ, j'invitai mon beau-frere & le Sr. Fréderic Kornman, mon frere, à ne rien négliger pour engager la dame Kornman à quitter la capitale. Je leur déclarai que je ratifierois tout ce qu'ils feroient en mon absence, ne leur demandant autre chose que de se conduire de maniere à ménager la réputation de la dame Kornman, & à éviter toute démarche qui pourroit la compromettre.

Je revins au bout de quinze jours, je trouvai les choses absolument dans l'état où je les avois laissées. Seulement je remarquai beaucoup d'embarras dans la contenance de mon beau-frere, & d'après quelques propos qu'il me tint, je conjecturai qu'il étoit du parti du Sr. Daudet.

Cette conjecture devint bientôt une vérité. On m'apprit que le jeune homme en mon absence s'étoit chargé de faire remettre à M. Amelot une lettre de sa sœur, où elle me peignoit des couleurs les plus noires. J'eus sur ce point avec lui une explication très-vive. Forcé de convenir de sa faute, il s'excusa en m'assurant qu'il n'avoit pris la lettre, que pour contenter la dame Kornman, mais que son intention n'étoit pas de la faire parvenir au ministre.

Une telle maniere de s'excuser ne pouvoit me plaire ; j'observai au jeune homme que dans tous les cas, sa conduite me paroissoit infiniment odieuse, puisque s'il ne remettoit pas la lettre, il trompoit sa sœur ; puisque s'il la remettoit, foulant aux pieds les premieres loix de l'honneur & de l'hospitalité, il me trompoit, moi qui l'avois accueilli avec autant d'intérêt que de franchise. Je finis par lui faire une leçon sévere sur les dangers qu'il couroit, en se montrant dans le monde avec un caractere de dissimulation si prématuré.

Le jeune homme confus se hâta de quitter Paris. Avant son départ, oubliant sa faute, je l'adressai avec des lettres de recommandation aux divers correspondans que j'avois dans les lieux où il devoit passer, pour se rendre dans sa famille. Ce dernier procédé auroit dû le rendre ou plus reconnoissant, ou plus jufte. Il n'y répondit qu'en répandant, & dans fa famille & chez mes correfpondans, les calomnies les plus affreufes fur mon compte.

Le beau-pere de la dame Kornman induit en erreur par ces calomnies, m'écrivit une lettre menaçante. Je répliquai par une lettre également ferme & modérée, dans laquelle j'obfervai entr'autres chofes qu'il me paroiffoit bien extraordinaire qu'on ofât fe permettre de juger un homme d'un âge mûr & réputé par-tout honnête & raifonnable, fur la dépofition d'un jeune étourdi de mauvaife foi. Je terminai ma lettre, en invitant ce beau-pere fi crédule, ainfi que l'oncle & le frere ainé de la dame Kornman à fe rendre à Paris, pour s'occuper avec moi des moyens de rappeller à elle-même cette femme déjà trop coupable, & l'empêcher de s'égarer davantage. Le beau-pere mieux inftruit, changea de ton, il me répondit par une lettre pleine d'excufes, mais dans laquelle il exprimoit le regret qu'il avoit de ce que fes affaires & fa fanté ne lui permettoient pas de fe rendre à mon invitation. L'oncle & le frere en firent autant.

Ici paroît fur la fcene un acteur d'une réputation effrayante, & qui jufqu'alors n'avoit jugé à propos de jouer dans cette affaire qu'un rôle fecret. Cet acteur eft le Sr. de Beaumarchais. M. Lenoir m'avoit donné, pour me diriger dans les démarches que j'aurois à faire relativement à mon époufe, Me. Turpin, avocat aux confeils. Le Sr. de Beaumarchais inftruit de cette circonftance, écrit à Me. Turpin dans le ftyle le plus preffant & le plus impérieux, qu'il prend la dame Kornman fous fa protection, qu'il vient d'être informé qu'on s'eft permis de l'arrêter en vertu d'un ordre du Roi, & de la placer dans un lieu de fûreté ; *que cet ordre lui déplaît*, & que fi je ne veux pas foufcrire les conditions qu'il voudra bien m'impofer en faveur de la dame Kornman, il employera fa plume & fon crédit pour me perdre (1).

Sans doute on n'aura pas de peine à croire qu'un tel procédé de la part du Sieur de Beaumarchais, dut exciter en moi plus que de la furprife. Je n'avois jamais vu le Sieur de Beaumarchais ; je ne le connoiffois que comme le public le connoît : & d'après l'opinion redoutable qui l'environne, on penfe bien qu'il m'avoit toujours paru, que j'avois quelque chofe de mieux à faire que de me ménager des relations avec lui.

A peine ai-je lu fa lettre, que je vole vers M. Lenoir, & que, plein

---

(1) Ceci eft prouvé par les dépofitions du trente-unieme témoin.

de l'étonnement qu'elle me caufe , je lui demande quel eft donc le caractere public du Sieur de Beaumarchais ; comment , ne devant compte qu'à la loi de ma conduite , n'ayant rien fait que je ne puiffe foumettre à la cenfure la plus févere , ne parlant qu'au nom des mœurs & de la fûreté domeftique outragées & violées en ma perfonne , il eft poffible que je rencontre fur ma route un homme affez audacieux , pour me menacer de fa plume , comme d'un poignard , qu'il faut que je redoute , & de fon crédit , comme d'une puiffance devant laquelle je dois me taire.

M. Lenoir me paroît interdit. Il m'avoue , avec une forte de myftere , qu'il regarde le Sieur de Beaumarchais comme un fcélérat ; mais comme un fcélérat d'une efpece d'autant plus dangereufe , qu'avec de l'efprit & l'art d'amufer & de féduire , il a trouvé le moyen de fe faire par-tout des créa-tures, d'arranger au befoin des conjurations contre quiconque a le malheur de lui déplaire , & de fe rendre ainfi redoutable à tous les hommes en place. Il ne me diffimule pas qu'il le craint. Il ajoute que le Sr. de Beaumarchais eft lié avec deux magiftrats du parlement , qui ont la plus grande influence dans leur compagnie , & qu'il a déjà déterminés à protéger efficacement la dame Kornman. D'après cela il me conjure d'oublier fon infolence , & me promet de s'occuper de mes intérêts avec Me. Turpin , de maniere à ce que je ferai fatisfait de tout ce qu'il fera pour moi.

La dame Kornman , comme on l'a vu , avoit avoué dans fon interroga-toire qu'elle étoit enceinte d'un enfant dont je n'étois pas le pere (1). M. Lenoir fe prévalant habilement de cette circonftance , termine fon entre-tien par me dire qu'il eft d'autant plus effentiel de ne donner aucun éclat à mon affaire , que cet enfant peut entrer dans ma famille ; & qu'au moyen des précautions qu'il prendra , & de l'arrangement qu'il médite , il fera facile de le faire difparoître ; qu'il en a fait difparoître ainfi plus de deux cens : & que pour celui ci , il eft d'accord fur la maniere dont il doit fe conduire avec M. de Maurepas.

M. Lenoir avoit fi bien l'air de me parler avec franchife , que je confentis fans peine à tout ce qu'il me demanda ; mais fi je voulois bien diffimuler mon reffentiment contre le Sieur de Beaumarchais , il y avoit un homme en

---

(1) Ceci eft prouvé par l'interrogatoire , les lettres du Sr. Daudet , & les dépofitions des huitieme , douzieme & quinzieme témoins.

preſence duquel je ne pouvois reſter dans l'inaction : c'étoit le Sieur Daudet.
J'étois inſtruit qu'il continuoit à manœuvrer contre moi avec une activité funeſte. J'allai trouver M. de Maurepas (1), & je lui expoſai que , pour me
garantir des effets de cette activité , il m'étoit impoſſible de ne pas l'attaquer
dans les tribunaux , & comme eſcroc , & comme ſéducteur ; que je ſentois
bien que je ne pouvois le faire ſans compromettre dans la procédure la
mere de mes enfans ; que dans une circonſtance ſi délicate , je demandois
qu'au moins , ſi j'étois réduit à me taire , on mît le Sr. Daudet, contre lequel
la voix publique s'élevoit depuis long-tems , hors d'état de me nuire davantage. M. de Maurepas trouva mes réflexions juſtes ; il m'aſſura qu'il donne-
roit inceſſamment des ordres pour le faire arrêter ; que M. de Vergennes ,
avec lequel il en avoit conféré , penſoit comme lui qu'il étoit important de
s'en aſſurer , & qu'il alloit en parler à M. Lenoir. Celui-ci ne fut pas de
l'avis de M. de Vergennes. Il dit à M. de Maurepas que j'étois dans les
termes d'un arrangement avec mon épouſe ; que de tels ordres pouvoient
nuire à cet arrangement ; que le Sr. Daudet étoit en effet un homme dont
la réputation ſembloit devoir juſtifier juſqu'aux abus de l'autorité ; mais qu'ici
on ne paroîtroit avoir ſévi contre lui , qu'à l'occaſion de la dame Kornman ;
qu'une ſévérité de ce genre en pareil cas n'étoit plus dans nos mœurs ; que ,
s'il falloit arrêter tous les hommes qui dans Paris vivent avec les femmes
des autres , on feroit bientôt contraint de s'aſſurer des trois quarts de
la ville ; qu'on pouvoit d'ailleurs s'en rapporter à ſa prudence ; & que
dans peu il auroit tout arrangé à ma plus grande ſatisfaction. Ces obſervations , & ſur-tout la promeſſe qui les terminoit , rendirent M. de Maurepas
plus indulgent , & le Sr. Daudet conſerva ſa liberté.

Cependant le tems s'écouloit , & rien ne me paroiſſoit ſe diſpoſer pour un
traité de paix avec la dame Kornman. Je crus en deviner la cauſe , en ap-
prenant qu'elle avoit dans ſa retraite des relations conſtantes avec le ſieur
Daudet , & par lui avec le Sr. de Beaumarchais (2). Je m'en plaignis avec
quelque amertume à M. Lenoir; & certain que , tant que toute communica-
tion avec ces deux perſonnes ne lui ſeroit pas interdite , il ſeroit impoſſible
de l'engager à faire ce que le devoir & la raiſon exigeoient d'elle. J'annonçai

---

(1) Je lui avois écrit auparavant une lettre , qu'on trouvera dans les pieces juſtificatives.

(2) Ceci eſt prouvé par les dépoſitions des ſixieme , douzieme , quinzieme , vingt-ſeptieme &
vingt-neuvieme témoins.

que , puifqu'elle ne vouloit pas fe rendre dans fa famille de fon plein gré, j'allois folliciter un ordre pour l'y faire tranfporter. M. Lenoir n'approuva pas ce parti , & prétextant toujours l'enfant dont elle étoit enceinte , il me perfuada qu'il ne pouvoit en difpofer, fi on avoit recours à des voies rigoureufes, qu'en pareille circonftance le confentement d'une mere étoit toujours néceffaire , & qu'ici ce n'étoit pas en ufant de févérité qu'on pouvoit l'obtenir.

Dans ces entrefaites , M. de Maurepas tombe malade, & meurt. Ici la fcene change abfolument, un nouvel ordre de chofes fe prépare , & on va voir les événemens fe preffer avec une rapidité cruelle & fe fuccéder tous entr'eux pour ma ruine.

Toujours inquiet de la maniere dont la dame Kornman exiftoit au lieu de fa détention, inftruit qu'elle y menoit une vie fcandaleufe , commençant à foupçonner que les motifs avec lefquels on avoit empêché jufques-là mes réclamations, pouvoient bien n'être que des prétextes imaginés pour endormir ma prudence, je ne ceffois d'infifter pour qu'elle me fût remife , & qu'on me permît de la conduire parmi les fiens. Tandis que je m'épuifois en inftances inutiles, une de ces femmes que les mœurs publiques ont profcrites, mais qui, pour avoir renoncé à la principale vertu de leur fexe, n'en confervent pas moins quelquefois en tout le refte , une maniere de penfer délicate & févere; une femme bien connue par fon intimité avec M. Lenoir , me fait avertir que c'eft en vain que je compte fur l'équité de ce magiftrat, qu'il aime la dame Kornman, que c'eft lui qui la retient à Paris , & que je ferai certainement la victime de ma crédulité, fi je continue à mettre en lui toute ma confiance.

De tous les hommes en place, celui qui fembloit me marquer le plus d'intérêt , étoit M. Lenoir , & cependant je me fentis difpofé à croire à l'avis qui m'étoit donné. En repaffant dans mon efprit tous les détails de fa conduite, fes délais, fes prétextes, l'art avec lequel il avoit éludé mes inftances , & rendues vaines mes réclamations auprès des miniftres , en rappellant à côté de toutes ces chofes ce qui s'étoit paffé à la conférence que j'avois eue en fa préfence avec la dame Kornman, il ne me parut pas hors de vraifemblance qu'il l'a protégeât en fecret contre moi, & fi on ne me trompoit pas, fi mes propres conjectures étoient fondées, il étoit bien difficile que je me fiffe illufion fur le motif déterminant d'une protection fi honteufe.

On

On fent bien qu'alors je dus être plus empreffé que jamais à réclamer la dame Kornman ; j'adreffai un mémoire aux miniftres où je demandai avec plus d'inftance qu'auparavant , la permiffion de la conduire dans fa famille. M. Amelot & M. Lenoir eurent le courage de me répondre, que l'intention du Roi étoit que ma femme demeurât chez les dames Douai pour accoucher, & que les miniftres ne fouffriroient pas qu'elle fût déplacée. Sans doute on penfe que je ne crus pas un inftant qu'il importoit beaucoup au Roi & aux miniftres, que ma femme accouchât dans une maifon plutôt que dans une autre , à Paris plutôt qu'à Bâle ; mais pour le moment il fallut fe taire , & attendre que d'autres circonftances me permiffent de renouveller mes réclamations avec plus de fuccès.

Cependant M. de Maurepas étant mort, la dame Kornman prefqu'affurée de l'impunité , & voulant par une feule démarche fe procurer avec la liberté les moyens d'abufer de fa fortune, imagine de fe pourvoir au châtelet contre moi, & d'y demander fa féparation de corps & de biens.

Dans la requête qu'elle fait rédiger à cet effet, elle n'articule d'autre fait pofitif que celui de fa détention. Tout le refte n'eft qu'un tiffu de calomnies vagues, démenties, foit par elle-même dans l'interrogatoire qu'elle avoit fubi, au moment où elle avoit été arrêtée, foit par la correfpondance interceptée du Sr. Daudet.

Mais il y a deux chofes remarquables dans cette pièce. La première, l'intention qu'annonce la dame Kornman de fe pourvoir à Bâle pour faire caffer fon mariage , & prononcer fon divorce avec moi. Le mariage de la dame Kornman avoit été contracté à Bâle , & ratifié à Strafbourg. Par cette ratification, & en époufant un étranger, elle avoit renoncé à fon droit de citoyenne de Bâle & ne devoit plus reconnoître que les loix du royaume, qui n'admettent pas le divorce ; mais le Sr. Daudet & le Sr. de Beaumarchais avoient efpéré faire taire les loix du royaume, & fe prévaloir de celles de Bâle pour parvenir au divorce. Alors le Sr. Daudet feroit devenu le maître de la perfonne de la dame Kornman & de fa fortune.

La feconde chofe à remarquer, c'eft l'intention bien manifeftée de fapper les fondemens de mon crédit & de renverfer, s'il étoit poffible, la maifon de banque qu'après la mort de mon oncle je régiffois à Paris avec mon frere. Il y avoit déjà quelque tems que les fieurs de Beaumarchais & Daudet manœuvroient dans ce deffein contre moi, foit par eux-mêmes, foit par leurs émiffaires. Par-tout ils affectoient de répandre fur ma pofition, les bruits les

D

plus faux. J'en avois écrit à M. Amelot & à M. Lenoir qui tous les deux avoient travaillé à me raſſurer. Dans la requête on affectoit d'accréditer ces bruits, & en concluant entr'autres choſes à ce qu'il fût fait un inventaire général de tous mes effets, ſous prétexte d'aſſurer la dot de la dame Kornman, on donnoit l'alarme à toutes les perſonnes, à tous les banqniers avec leſquels mon frere & moi nous étions en relation.

Qu'on me diſe ce que je devois penſer d'une mere qui ne craignoit pas de détruire ainſi la fortune de ſes enfans, & qui, en annonçant qu'elle alloit rompre ſans retour les liens qui nous uniſſoient, les repouſſoit de ſon ſein & les ſacrifioit ſans pudeur à la fatale ambition d'un homme, dont le caractere immoral & les inclinations vicieuſes ne lui étoient que trop connues.

Dans une telle circonſtance, j'aurois dû ſans doute renoncer aux principes de modération qui m'avoient dirigé juſqu'alors, je ne le fis pas, & l'eſpoir ſi ſouvent trompé de ramener la dame Kornman à ſes devoirs, me ſéduiſit encore. Si je la pourſuivois au châtelet, je compris que je me verrois dans le cas de rendre ſon déshonneur public, en imprimant des mémoires remplis de faits trop véritables; je pris donc le parti de décliner la juriſdiction de ce tribunal; mon vrai domicile étoit Strasbourg, & de plus, comme on l'a vu, j'étois magiſtrat de cette ville. Ce n'étoit donc qu'à Strasbourg que réſidoient mes juges naturels. Je me décidai à les réclamer auprès de M. le lieutenant civil, & dans un entretien particulier que j'eus avec ce Magiſtrat, je lui expoſai les motifs qui me déterminoient à cette réclam. tion.

En même-tems j'écrivis à la dame Kornman une lettre où j'eſſayai de lui ouvrir les yeux ſur l'imprudence & les dangers de ſa démarche. Cette lettre annonçoit avec beaucoup de détail ce qu'on me contraindroit de faire, ſi je me voyois enfin forcé de rompre le ſilence. J'y employai les raiſons les plus puiſſantes, les plus propres à faire impreſſion ſur une ame égarée. J'étois ſans doute trop outragé pour m'exprimer d'une maniere froide & tranquille: Mais à travers l'énergie douloureuſe de mes expreſſions, il étoit facile de voir que je ne voulois que le repos, que le bonheur de celle qui me les arrachoit.

» Il ne peut exiſter, lui diſois-je, en terminant cette lettre cruelle, il ne peut exiſter que dans ma négligence à me défendre, un moyen de vous ſouſtraire à la condamnation ignominieuſe qui vous attend; mais on vous en a bien groſſierement impoſé, ſi l'on vous a perſuadé qu'accablé par ma ſituation, je balancerois entre une mere coupable & des enfans malheureux , & que je laifferois égorger impunément ceux - ci aux pieds de la femme dénaturée qui leur donna le jour ».

» Réfléchiffez donc bien férieufement fur les dangers de toute efpece dont vous êtes environnée ; je ne vous dirai pas que vous êtes époufe & mere , il y a long-tems que vous n'êtes ni l'une ni l'autre ».

» Votre cœur empoifonné par une paffion vile comme celui qui en eft l'objet , ne connoît plus les fentimens honnêtes , & ce feroit bien en vain que j'effayerois de vous rappeller à des devoirs dont le joug vous paroît fi infup-portable , que vous ne cherchez pas même à en déguifer l'oubli. Mais fongez que les années d'illufion qui coulent maintenant pour vous , ne dureront pas toujours. Songez qu'il n'y a d'habitudes , de relations folides dans la fociété , que celles qui font déterminées par les premieres & les plus faintes affections de la nature ; que détachée de votre famille , & de tout ce que vous deviez aimer , devenue même pour votre féducteur , un importun fardeau , ne trou-vant plus d'afyle chez les gens honnêtes , parce que vous vous en ferez volon-tairement féparée par un crime , quand vous réuffiriez aujourd'hui dans vos démarches , vous n'en ferez pas moins réduite quelque jour à verfer des lar-mes fur vos fuccès ».

» Sortez donc du délire profond dans lequel on vous tient plongée. Je ne vous dis pas de fentir qui vous êtes , mais de calculer ce que vous pouvez devenir , & que du moins la voix de l'intérêt foit affez puiffante pour opérer en vous un changement , que je n'attends plus ni des impreffions de la pitié , ni des mouvemens de la nature ».

Quels que fuffent mes foupçons contre M. Lenoir , je me vis contraint par la néceffité des circonftances où je me trouvois , de recourir à lui pour faire parvenir ma lettre à la dame Kornman ; il me promit de la lui remettre , & je fais qu'il ne le fit pas ; j'aime à croire que fi la dame Kornman l'avoit lue , elle n'eût pas réfifté à la force de mes raifons. Au milieu de fes égaremens , rien jufqu'alors n'avoit annoncé en elle une ame abfolument corrompue , & il me fembloit qu'un inftant de réflexion férieufe fur les circonftances dont elle étoit environnée , & fur l'avenir qu'elle fe préparoit , pouvoit fuffire en-core pour la rappeller à fes devoirs.

J'abrege. Enfin , le 29 décembre 1781 , c'eft-à-dire , fix femaines après que M. Amelot & M. Lenoir m'ont pofitivement refufé la permiffion de retirer la dame Kornman de la maifon où elle étoit détenue , je me rends fur la fin de la journée à l'hôtel de la police, pour faire part à M. Lenoir de quelques inquiétudes nouvelles qui m'ont été données. Arrivé dans son sallon, j'y remarque un homme qui m'examine avec une forte de curiosité insultante : son air d'impudence me frappe, & je ne sais pourquoi je conjecture que c'est le sieur de Beaumarchais. M. Lenoir étant forti plusieurs fois pour accompagner diverses personnes qui avoient affaire à lui, jette les yeux sur moi, &, comme on le pense, n'a pas de peine à me reconnoître. Au bout d'un quart d'heure, se trouvant seul, il sort de son cabinet, & me regardant sans rien dire, il rentre en prenant par la main le sieur de Beaumarchais, (car je ne m'étois pas trompé) celui-ci entraîne après lui un autre homme habillé de noir. En ce moment, j'ai des pressentimens sinistres ; environ une demi-heure après, je vois sortir le sieur de Beaumarchais avec un air de triomphe ; il passe devant moi & me toisant insolemment de la tête aux pieds, il disparoît toujours suivi de l'homme qui l'avoit accompagné.

J'entre aussitôt pour demander à M. Lenoir quelque assurance sur le sort de mon épouse.

M. Lenoir se compose, pour me recevoir, une figure qui exprime la douleur & l'intérêt. Il leve les yeux & les mains au ciel, & m'apprend avec une sensibilité étudiée, qu'il vient de remettre, *bien malgré lui*, au sieur de Beaumarchais un ordre du Roi pour retirer la dame Kornman de la maison des dames Douai, & que le sieur de Beaumarchais va la conduire chez un chirurgien des harras de Mgr. comte d'Artois, pour la faire accoucher (1).

A cette étonnante nouvelle, je n'ai pas d'expression pour peindre la révolution qui se fit en moi. Je ne sais ce que je dus paroître à M. Lenoir ; mais il me sembla qu'une physionomie de fer saisissoit à la fois tous les muscles de mon visage, & les arrangeoit entr'eux pour une immobilité funeste. Revenu de mon cruel saisissement, j'observe à M. Lenoir au milieu des mouvemens de l'indignation la plus violente, qu'on ne croira jamais que le Roi, protecteur des mœurs & de la paix domestique, ait pu contre les premieres maximes de cette morale éternelle, de laquelle découlent toutes les loix des nations, priver un époux de son épouse, applanir la route du crime à une mere égarée, disposer en faveur d'un homme, qu'il m'a dépeint lui-même comme

---

(1) Ceci est prouvé par les dépositions des quatrième, sixieme, septieme, quatorzieme, seizieme & vingt-neuvieme témoins, & la déposition du Sr. de Beaumarchais lui-même.

le plus artificieux des fcélérats, de la propriété la p'us inviolable & la plus facrée; j'ajoute qu'il me faut fur le champ une fatisfaction proportionnée à l'injure que je viens de recevoir; qu'un tel abus d'autorité crie vengeance, que dans les pays livrés au plus exécrable defpotifme, on ne fe le permettroit pas impunément; que le Prince, dont on ne craint pas de compromettre ainfi le nom augufte, eft encore plus outragé que moi, & que quoiqu'on faffe, on ne m'empêchera pas de porter jufqu'aux pieds du trône, mes juftes ré-clamations.

M. Lenoir un peu déconcerté change de figure, il ofe balbutier que je lui manque de refpect; qu'au refte, c'eft M. Amelot qui l'a forcé d'exécuter cet ordre; que la Reine elle-même l'a follicité, que depuis la mort de M. de Maurepas, le prince de Montbarrey, le prince de Naffau, beaucoup d'autres perfonnes puiffantes, tout le monde enfin, s'eft déclaré contre moi.

La rage & le défefpoir dans le cœur, je regarde le magiftrat ; « fi je n'avois étouffé, lui dis-je, les premiers mouvemens de ma colere, au récit d'une fi effrayante injuftice, je me ferois livré à des actes de violence, même contre vous; je ne me retiens encore qu'en confidération du caractere dont vous êtes revêtu; mais quoi que vous faffiez, vous ne me ferez jamais croire que la Reine ait pu autorifer tant d'atrocité, tant de perfidie; non, ce que vous m'apprenez eft impoffible ; fi d'ailleurs on a pu furprendre fa religion à force de calomnies, eft-ce à un magiftrat tel que vous, qu'il ap-partient de devenir l'exécuteur d'un ordre évidemment injufte ? N'avez-vous pas une confcience ? Et quand la vérité tonne fur elle, efclave paffif du pou-voir, demeurez-vous fans émotion ? Ne connoiffez-vous que le filence ? Je repecte plus que perfonne la mémoire de M. de Maurepas; mais je ne penfe pas que toute juftice, toute pudeur foit éteinte en France avec lui, & que fous le regne d'un Prince équitable, d'un Prince qui, en montant fur le trône a vengé les mœurs publiques par de hautes difgraces, s'eft fait un devoir de les affurer par de grands exemples, on puiffe impunément violer les premieres & les plus faintes loix de la nature ».

M. Lenoir encore plus déconcerté revient à fa premiere phyfionomie ; il me plaint, il s'attendrit fur mon fort, & ne pouvant, dit-il, rien faire pour moi, il me confeille d'aller voir M. Amelot, qui feul dans la circonftance déplorable où je me trouve, peut me fervir avec fuccès.

Il faut le dire ; la conduite de M. Lenoir devoit me paroître d'autant plus étrange , que les dames Douai lui avoient plus d'une fois porté des plaintes contre la dame Kornman, qui , dans le lieu même de fa détention , fe livroit à des intrigues condamnables (1). M. Lenoir ne pouvoit donc ignorer à quels défordres il alloit livrer la dame Kornman , en lui donnant pour gardien de fa perfonne & de fes mœurs , un homme tel que le fieur de Beaumarchais, & attendu les liaifons qui exiftoient entre le fieur de Beaumarchais & le fieur Daudet , en la mettant de nouveau fous la main de fon féducteur.

Forcé néanmoins de fuivre le confeil de M. Lenoir, ou plutôt n'efpérant plus rien de lui , j'allai à Verfailles pour voir M. Amelot. On me répondit qu'il étoit malade ; je lui écrivis une longue lettre , dans laquelle me plaignant amérement de l'injure qui venoit de m'être faite , & développant avec énergie mes juftes reffentimens , je laiffois entrevoir qu'il étoit poffible encore de me retenir dans les bornes de la modération dont j'avois fait profeffion jufqu'alors. « Lifez, Monfeigneur, difois-je en finiffant, lifez ma lettre avec tout l'intérêt que ma fituation doit vous infpirer , fongez que je fuis raffafié d'outrages , que je parle le langage de la plainte & de la douleur , que je couvre d'une main mes plaies & que de l'autre je repouffe des adverfaires acharnés à ma perte. Jugez-moi par mes démarches, comme j'ai appris par votre bienfaifance à vous juger , & daignez vous reffouvenir , que l'homme qui vous follicite aujourd'hui , ne voulut pas réclamer auprès de vous toute la juftice qui lui étoit due ; qu'il ne vous demanda qu'une grace , celle de le placer dans une pofition où il pût pardonner fans honte , & oublier fans foibleffe ». Le miniftre ne jugea pas à propos de me répondre.

Mécontent de ce filence , je m'en plaignis à M. Lenoir qui , voulant encore affecter un peu d'intérêt pour moi , me dit que , tout confidéré , M. Amelot ne faifant rien par lui-même dans fon département , il feroit bon que je m'adreffaffe au Sr. Robinet , fon premier commis de confiance.

Je vais donc trouver le Sr. Robinet ; celui-ci eft très-furpris de ce que je lui fuis renvoyé. Il m'apprend que M. Lenoir traite mon affaire directement avec M. Amelot. Il ne me cache pas que cette affaire a pris , depuis la mort de M. de Maurepas , une tournure finguliere , & telle , qu'il n'ofe fe per-

---

(1) Les Dames Douai dans leur dépofition , atteftent ce fait & déclarent qu'elles ont remis à M. Lenoir des lettres de la dame Kornman , qui le prouvent de la maniere la plus incon-teftable.

mettre aucune réflexion fur ce qui fe paffe. Le Sr. Robinet , après cette petite confidence , me confeille de retourner à M. Lenoir.

J'y retourne en effet. Sentant aifément que de toute part je fuis joué , j'ai avec lui une conférence très-vive. On avoit befoin de m'appaifer; on me ré-pond , comme on peut , par beaucoup de menfonges ; & je connois M. Lenoir tout entier.

Pendant que ces chofes fe paffoient , la dame Kornman s'occupoit de pour-fuivre au châtelet fa féparation de corps & de biens. J'ai dit que j'avois dé-cliné la jurifdiction de ce tribunal. Le Magiftrat de Strasbourg étoit intervenu dans mon affaire ; & réclamant les privileges de fon corps , il avoit demandé au confeil que je lui fuffe renvoyé. Cette diverfion avoit un peu déconcerté les mefures du Sr. de Beaumarchais. Pour la rendre inutile , il avoit em-ployé toutes les reffources de fon efprit auprès des hommes en place , qui pouvoient influer fur la décifion que j'attendois. Dans un mémoire moitié férieux , moitié plaifant , il avoit effayé d'affoiblir l'intérêt que je devois na-turellement infpirer. C'étoit encore le tems de la réputation du Sr. de Beau-marchais ; & ce mémoire , répandu clandeftinement parmi fes nombreux affidés , pouvoit me faire un tort irréparable.

Je le fentis ; par le confeil de quelques hommes éclairés , je préfentai di-rectement une requête au Roi : on m'avoit affuré que le Sr. de Beaumarchais étoit tellement certain de la crainte qu'il m'infpiroit , qu'il avoit ofé dire que je ne me permettrois jamais de le nommer dans un écrit authentique. Sans faire aucun effort fur moi-même , fans éprouver aucun des mouvemens de cette peur contagieufe qu'il fe flattoit de répandre autour de lui , je le nom-mai dans ma requête ; & l'affociant au Sr. Daudet , je demandai que , par le renvoi de ma caufe à Strasbourg , la dame Kornman fût fouftraite à fon influence dangereufe.

Le Roi lut ma requête. Après s'être fait informer de la vérité des faits qui y étoient expofés , Sa Majefté elle-même daigna prononcer de la manière la plus impérative , dans le confeil des dépêches , le renvoi que je défirois.

D'après cet acte de juftice , j'imaginai que j'obtiendrois fans peine que la dame Kornman quittât la capitale. J'en parlai à M. Lenoir qui , à mon grand étonnement , me déclara que la conduite de la dame Kornman n'étoit plus de fa compétence ; que , parce qu'elle avoit été renvoyée à Strasbourg , pardevant un tribunal ordinaire , il n'avoit plus d'infpection fur elle , &

qu'elle étoit la maîtreſſe de reſter à Paris auſſi long-tems qu'elle le jugeroit à propos. Il m'en dit aſſez d'ailleurs pour me faire entendre qu'on ne trouvoit pas bon que je me fuſſe adreſſé directement au Roi.

Je l'avoue, je ne m'érois pas fait de la majeſté du trône, une idée aſſez ſinguliere, pour penſer qu'elle n'exiſte entre le Prince & les ſujets, que comme une barriere redoutable, qu'il n'eſt donné qu'à un petit nombre d'individus privilégiés de franchir ; &, dans mes idées politiques, le maintien de la juſtice étant le premier devoir des ſouverains, il m'avoit paru que je n'uſois que d'un droit ordinaire, en la réclamant auprès d'un Monarque qui, dans plus d'une circonſtance, avoit annoncé qu'il ne vouloit régner que par elle.

Je ſuis obligé de préſenter ici ſéparément des faits qui ſe ſont paſſés à-peu-près à la même époque. Ce n'étoit pas aſſez de me faire attaquer par mon épouſe, dans les tribunaux ; on vient de voir qu'il entroit dans le plan de la conjuration formée contre moi, de renverſer ma fortune : ce projet ſe pourſuivoit avec une activité funeſte.

La dame Kornman, livrée par les Srs. Daudet & Beaumarchais à la ſociété la plus corrompue, & ne mettant plus aucun frein à ſes déſordres, alloit annonçant par-tout que mes affaires étoient dans le plus mauvais état, & que dans peu ma maiſon ſeroit forcée de faire banqueroute. De leur côté les Srs. Daudet & Beaumarchais font répandre dans les cafés, dans les papiers étrangers, dans les nouvelles à la main, qu'il eſt impoſſible que je me ſoutienne encore long-tems. Le Sr. Daudet dit poſitivement au Sr. Cerfberr qu'il n'aura de repos que lorſqu'il aura conſommé ma ruine.

La dame Kornman connoiſſoit à-peu-près tous mes correſpondans, elle en donne la liſte à mes perſécuteurs, & ſoudain l'alarme eſt répandue par-tout où mes relations peuvent s'étendre, & de toute part, auprès & au loin, ſe forme l'opinion qui doit m'écraſer.

Cependant malgré ces manœuvres, pratiquées pendant plus d'une année, & que j'avois fréquemment, mais toujours ſans ſuccès dénoncées à M. Lenoir, ma maiſon ſe maintenoit. On imagine alors de lui porter un coup plus déciſif.

Sous le frivole prétexte d'aſſurer ſa dot, on détermine la dame Kornman à mettre oppoſition ſur la totalité de mes biens ; on avoit calculé qu'étant renvoyé par un arrêt du conſeil en Alſace, pour toutes les conteſtations nées & à naître entr'elle & moi, ce n'étoit qu'en Alſace que je pouvois me

pourvoir

pourvoir pour faire lever cette opposition , qu'il s'écouleroit nécessairement un tems considérable avant que j'y puffe parvenir; que mes débiteurs , ne demandant pas mieux que de se dispenser de s'acquitter envers moi , concourroient volontiers avec la dame Kornman à empêcher que l'opposition ne fût levée ou que du moins elle ne le fût trop promptement; & qu'ainsi n'étant payé d'aucun côté , je me trouverois dans l'impossibilité physique d'acquitter mes engagemens. Il fallut enfin succomber. Avec un actif surpassant de plus d'un million son passif, ma maison est obligée de demander un arrêt de surséance (1).

---

(1) Il faut entrer ici dans quelques détails; on sent que dans une position si cruelle, nous n'avions, mon frere & moi, que deux partis à prendre.

Le premier, de surmonter, par des opérations hardies, telles que des emprunts forcés, les obstacles dont on nous environnoit; (car je ne pouvois recourir à des ventes précipitées d'immeubles, à cause de l'opposition dont je viens de parler).

Le second, de renoncer absolument à toutes especes d'opérations , & de satisfaire à tous nos engagemens par une liquidation prochaine.

Nous crumes devoir rejetter le premier parti, parce qu'à l'époque où nous nous trouvions, la guerre avoit rendu le numéraire rare en Europe; que la confiance étoit resserrée à cause des pertes que cette guerre avoit occasionnées au commerce, & que nous ne pouvions faire que des emprunts ruineux, & nous exposer ainsi à des pertes considérables.

Il nous parut plus conforme à la réputation de justice & de probité, dont notre maison jouissoit dans toute l'Europe, d'adopter le second parti; d'ailleurs avec une santé délabrée, & les intrigues de toute espece qu'il me falloit combattre, il m'étoit impossible de m'occuper davantage du commerce; & de son côté mon frere, enveloppé lui-même dans le système de persécution dont j'étois l'objet, sachant parfaitement que les opérations de banque ont pour base essentiellement la confiance, & jugeant qu'il lui feroit difficile de lutter long-tems contre l'armée de calomniateurs que nous avions en tête, trouva plus sage de faire sur le champ un grand sacrifice, que de compromettre le gage de nos créanciers, par des opérations hasardées, & dont le succès dans les circonstances où nous nous trouvions, devenoit trop problématique.

En conservant le gage de nos créanciers, par notre renonciation au commerce, il nous parut convenable en même-tems d'assurer le sort des personnes qui étoient attachées depuis long-tems à notre maison de banque. En conséquence nous avons pris toutes les mesures nécessaires, pour leur ménager des ressources chez les banquiers auxquels nous avons cédé la suite de nos affaires, & celles qu'un âge avancé rendoit incapables de fournir aucune carriere, ont reçu de notre part des pensions suffisantes pour leur entretien.

Croiroit-on qu'avec une conduite si prudente & si désintéressée , nous avons eu encore des obstacles à combattre. Plusieurs personnes , que je ferai connoître dans peu , ont profité de la situation accablante où nous nous trouvions, pour s'attribuer d'une maniere indécente, ce qui ne leur appartenoit pas. On regardoit notre fortune comme une succession ouverte à la cupidité de ceux qui vouloient s'en emparer, & considérant les ennemis redoutables qui nous assailloient de toute part, on comptoit sur l'impunité en s'appropriant nos dépouilles.

E

Dans un mémoire qu'elle présente à l'administration, pour obtenir cette surféance, après avoir exposé une partie des événemens qui l'obligent d'y recourir, elle annonce qu'il lui reste assez de ressources pour payer ses créanciers en capital, intérêts & frais ; je dois dire ici qu'elle se trouve avoir satisfait aujourd'hui avec la derniere rigueur à l'engagement qu'elle prenoit à cette époque (1).

Le Roi bien instruit de la conduite de mon frere & de la mienne, non-seulement ordonne qu'on expédie l'arrêt de surféance que nous demandons, mais ils daigne encore nous accorder des lettres-patentes qui commettent la grand'chambre du parlement pour juger toutes les contestations auxquelles notre suspension de paiement pouvoit donner lieu, soit à Paris, soit dans les provinces.

Je n'étois pas assez malheureux, & les Srs. Daudet & de Beaumarchais n'avoient pas encore assez fait pour ma ruine. Ici je suis forcé d'entrer dans des détails indispensables sur une affaire intimement liée à l'affaire principale qui m'occupe. On va voir jusqu'à quel degré de noirceur, il est possible de porter l'esprit de vengeance, de persécution & d'intrigue.

Dans le courant de l'année 1779, M. le cardinal de Rohan, supérieur immédiat des Quinze-Vingt, en sa qualité de grand-aumônier de France, avoit vendu, sur l'autorisation expresse de Sa Majesté, à une société de capitalistes, les bâtimens & les terreins de cet hôpital, moyennant la somme de six millions trois cens douze mille livres (2).

La société avoit divisé ses fonds en quarante actions, dont six avoient été

---

(1) Je crois pouvoir dire avec la derniere rigueur, quoiqu'il nous reste encore un vingtieme de nos engagemens à payer. Les fonds pour rembourser ce vingtieme sont assurés par la vente d'un immeuble considérable qu'a faite ma maison de banque. Ils sont déposés chez différens particuliers, & nos créanciers les auroient déjà touchés, si la personne qui dans le principe nous a vendu cet immeuble, & dont la richesse est connue, ne s'étoit trouvée en contestation avec quelques créanciers qui ont mis opposition à leur délivrance.

(2) Cette opération, qu'on a trop calomniée, étoit avantageuse au Roi, & à l'hôpital des Quinze-Vingt, en ce qu'elle portoit ses revenus de la somme de soixante mille livres, à laquelle ils se montoient, à celle de trois cens mille livres ; au Roi, en ce que les constructions que la société se proposoit de faire sur les terreins cédés, entrant dans le commerce, il en résultoit pour le fisc, soit en vingtiemes, soit en droits seigneuriaux, soit en lods & ventes, une augmentation de revenu de plus de deux cens mille livres.

réfervées à M. le duc d'Orléans, alors duc de Chartres, & quatre à M. le Cardinal, pour l'hôpital des Quinze-Vingt. J'avois pris trois actions dans l'entreprife, & de plus, à la follicitation de M. de Maurepas, je m'étois chargé, en refufant toute efpece de rétribution, de la furveillance de la caiffe. Mes actions & les avances que j'ai faites à la caiffe, forment pour moi un capital d'environ fix cens mille livres.

Par le contrat d'acquifition, revêtu de lettres-patentes, on étoit convenu de plufieurs conditions, dans le détail defquelles il eft inutile d'entrer; mais qui toutes avoient pour objet de faciliter aux intéreffés, le fuccès du plan qu'ils avoient formé, en acquérant une propriété fi confidérable.

Les conditions ne furent point exécutées, & leur inexécution ayant occafionné des dommages de toute efpece à la fociété, elle fe vit dans la néceffité de fe pourvoir contre l'hôpital, en réfiliation de fon marché.

Elle fit en conféquence une députation à M. le Cardinal. J'étois au nombre des députés. M. le Cardinal écouta nos réclamations & en fentit toute la juftice; mais confidérant que fi l'exploitation de l'entreprife fouffroit quelque interruption, il en réfulteroit une perte immenfe & une fufpenfion de revenu pour l'hôpital; il ne négligea rien pour nous raffurer, & nous promit au nom du Roi, qu'on employeroit les moyens les plus fatisfaifans, pour nous mettre en état de continuer nos travaux avec fuccès.

M. le Cardinal me prit enfuite en particulier, il me dit qu'il n'avoit de confiance qu'en moi, il me conjura de foutenir la fociété de tout mon crédit.

J'expofai à M. le Cardinal les circonftances dans lefquelles je me trouvois, la conduite de mon époufe, les manœuvres que les Srs. Daudet & de Beaumarchais employoient pour renverfer ma maifon, & procurer en particulier ma ruine; je conclus que dans de pareilles circonftances, il m'étoit impoffible de ne pas mettre des bornes à mon zele. M. le Cardinal infifta, & applaudiffant fpécialement à la modération de mes procédés envers la dame Kornman, il s'efforce de me perfuader que je ne courois aucun rifque, en demeurant intéreffé dans l'entreprife, & qu'une telle affaire étant devenue une affaire du gouvernement, il n'étoit pas poffible qu'elle devînt jamais douteufe pour celui qui s'occuperoit de la maintenir.

Je cédai aux inftances de M. le Cardinal; cependant je favois qu'il recevoit le fieur Daudet, & fur-tout le fieur de Beaumarchais chez lui, & que même mon épouſe y étoit aſſez fréquemment admiſe. M. le Cardinal eſt aujourd'hui dans la diſgrace , & je dois m'expliquer ſur ſon compte avec le reſpeſt qu'on doit au malheur. Dans une affaire célebre , en démontrant ſon innocence , il a prouvé qu'il pouvoit involontairement devenir l'inſtrument d'une perfidie. Ici on va voir que ſans doute il a été trompé encore une fois , & qu'égaré par les conſeils de deux hommes dont il n'a pas ſu ſe défier aſſez , il a concouru d'une maniere bien cruelle à ma perte.

Un jour que je m'entretenois avec lui ſur l'affaire des Quinze-Vingt , (ceci eſt important) il parut s'intéreſſer à mes peines avec plus de vivacité qu'à l'ordinaire ; remarquant combien ma ſanté étoit altérée , il me dit que je ferois ſagement d'oublier les juſtes reſſentimens que j'avois contre la dame Kornman , que je ne devois plus ſonger qu'à ma tranquillité , qu'il vouloit m'aider en ce point , qu'en conſéquence il me conſeilloit de faire à la dame Kornman une penſion de 12000 liv. & de lui remettre ſes diamans ; qu'à ces conditions , il la détermineroit à ſe retirer dans un lieu décent , même dans ſa famille , & qu'il eſpéroit qu'elle ſe conduiroit enfin de maniere à ne plus faire parler d'elle.

M. le Cardinal ajouta que , pour faire diverſion à mes chagrins , il feroit bon que j'entrepriſſe un voyage conſidérable , & que je m'affranchiſſe avant que de partir , de toute affaire à Paris.

Après ce préambule , M. le Cardinal me propoſe de me faire rembourſer de tous les fonds que j'avois dans l'entrepriſe des Quinze-Vingt par une perſonne qu'il me nommeroit , quand il en feroit tems , & qui ne demandoit à cet effet , que d'avoir une connoiſſance parfaite de la ſituation aſtuelle de la ſociété.

Je réponds que je ne peux donner ces renſeignemens moi-même ; que je mets même une ſorte de délicateſſe à ne les pas donner , puiſqu'il s'agit de traiter de mon intérêt ; que M. le Cardinal a dans la ſociété un agent qui eſt en état de les procurer à la perſonne dont il m'a parlé ; que d'ailleurs , cette perſonne peut ſe tranſporter elle-même dans les bureaux de la ſociété , qui ſe tiennent chez le Sr. Séguin , tréſorier de M. le duc de Chartres , & y recueillir tout ce qui eſt néceſſaire à ſon inſtruſtion ; je prie qu'on remarque ma réponſe.

J'inſiſte enſuite pour que la perſonne me ſoit nommée. M. le Cardinal refufe pendant trois jours, enfin il m'annonce que c'eft le fieur de Beaumarchais.

A ce nom finiftre, je recule d'effroi, je fens s'éveiller à la fois toutes mes inquiétudes, je m'écrie qu'on me livre à mon ennemi. M. le Cardinal s'efforce de me raffurer. » Je vous réponds de Beaumarchais, il m'a des obligations particulieres. Dans ce moment je vais le faire payer par M. Joly de Fleury, de toutes les fournitures qu'il a faites pour l'Amérique; mais je l'ai prévenu que ce rembourfement n'auroit lieu qu'autant qu'il vous auroit lui-même rembourfé ». Ces dernieres paroles étoient propres à me ramener à des idées plus douces; mais le fieur de Beaumarchais m'étoit bien connu, & je n'étois pas tranquille encore. Je vais trouver l'abbé Georget, grand - vicaire de M. le Cardinal. Il acheve ma heureufement de diffiper mes craintes, & féduit par l'intérêt qu'on me témoigne, je fais tout ce qu'on exige de moi.

Voilà donc de mon confentement l'affaire des Quinze-Vingt livrée à l'examen du fieur de Beaumarchais. A peine a-t-il acquis le droit d'en prendre connoiffance, qu'il fe rend chez moi, & me prefcrit avec une audace qui ne me paroît d'abord que ridicule, de me rendre inceffamment chez Me. Momet, notaire, & d'y figner des conventions qu'il a jugé à propos de rédiger, dit-il, pour terminer mes différends avec mon époufe. Je prends la liberté de faire quelques obfervations au fieur de Beaumarchais, tant fur les conventions en elles-mêmes, que fur le ton d'infulte avec lequel il les propofe. Le fieur de Beaumarchais s'emporte, & comme il me voyoit affez calme, affez tranquille, prenant mon fang-froid pour de la crainte, il affecte tous les airs de bravoure d'un fpadaffin. Irrité de tant de pétulance, je lui obferve que fi, contre mon gré, il exifte entre lui & moi, quelque caufe d'inimitié perfonnelle, ce n'eft pas par des injures & de vaines menaces qu'il faut nous venger, qu'il doit connoître des procédés plus décififs, plus ufités entre les gens honnêtes, & que quand il le voudra, nous pourrons y recourir pour mettre fin à nos querelles; en même-tems, & en attendant qu'il fût décidé fur le parti que je lui propofois, je le prie d'une maniere affez preffante, de vouloir bien fortir de chez moi. Le fieur de Beaumarchais devenu moins pétulant, fort en effet, mais toujours la menace à la bouche; & avant de me quitter, il me dit avec l'affurance d'un homme qui connoît fes moyens : *Souvenez-vous que Pierre-Auguftin Caron de Beaumarchais vous perdra.*

Il étoit plus facile au fieur de Beaumarchais de me perdre, que d'accepter le genre de fatisfaction que je lui offrois. A quelques jours delà , j'apprends par la voix publique qu'il m'accufe d'avoir malverfé dans l'affaire des Quinze-Vingt, & qu'il dit hautement , que coupable de manœuvres criminelles , il eft difficile que je puiffe échapper à la jufte févérité du gouvernement. On voit maintenant pourquoi le fieur de Beaumarchais avoit offert de fe mettre à ma place , dans l'affaire des Quinze-Vingt.

En attendant que j'arrive à la partie de mon récit , où je confondrai ces nouvelles calomnies , on peut fe demander fi un homme qui avoit confenti que le fieur de Beaumarchais prît connoiffance , comme il le jugeroit à propos , de l'affaire des Quinze-Vingt , qui avoit refufé d'être préfent aux renfeigne-mens qui lui feroient donnés , qui n'avoit pas craint de fe livrer ainfi tout entier à l'infpection de fon ennemi , avoit quelques reproches à fe faire , & devoit s'attendre à devenir l'objet d'une diffamation fi cruelle.

Quoi qu'il en foit , au moment où ma maifon obtient l'arrêt de furféance dont j'ai parlé , on imagine de tirer parti contre moi de cette malheureufe affaire des Quinze-Vingt , on décide qu'on s'en prévaudra pour me faire excepter du bénéfice de l'arrêt de furféance ; & en conféquence, le fieur de Beaumarchais écrit à M. Amelot la lettre fuivante , qu'on me permettra de tranfcrire ici toute entiere.

M.

» Sans chercher à nuire au fieur Kornman, à qui vous avez eu, dit-on , la bonté de faire accorder un arrêt de furféance , j'ai l'honneur de vous prévenir que M. le cardinal de Rohan , m'a très-inftamment prié , avant fon départ , de jetter un coup-d'œil févere fur l'adminiftration de l'affaire des Quinze-Vingt , dont fon éminence a vendu les terreins à une compagnie, au nom du Roi; que Mgr. le duc de Chartres m'a fait la même demande , avec une égale inftance, parce que fon tréforier qui ne lui a pas encore rendu fes comptes, eft à la tête de cette acquifition , avec le fieur Kornman ».

» A l'examen auftere que j'ai fait de cette affaire , j'ai trouvé qu'il y avoit bien du tripotage , & un *peu du défordre qui a entraîné la chûte de Kornman;* forcé de faire ôter la caiffe de cette entreprife à ce dernier , pour que le mal n'augmentât pas , j'ai exigé de lui des *comptes rigoureux* , fur fa geftion , & une foule de chofes m'ont alors convaincu *qu'il a ménagé de bien loin la faillite qu'il fait aujourd'hui* ».

» En l'abſence de M. le cardinal de Rohan, dont je ſtipule ici les intérêts en qualité d'adminiſtrateur des Quinze-Vingt, & pour les intérêts de Mgr. le duc de Chartres, & en faveur d'une compagnie de. . . . .
. . . . à laquelle la faillite de Kornman & ſes ſuites peuvent porter un coup affreux; j'ai l'honneur, Monſieur, de vous ſupplier, de vouloir bien excepter de la ſurſéance accordée au Sr. Kornman, tout ce qui tient à ſes relations avec l'affaire des Quinze-Vingt ».

» Je fais la même ſupplique à M. Lenoir, qu'on a ſûrement trompé ſur l'état des choſes, ſi l'arrêt de ſurſéance eſt accordé ſans reſtriction ».

» Il importe aux intérêts du Roi, à celui de M. le Cardinal, à celui de Mgr. le duc de Chartres, & à celui d'une affaire majeure que la mauvaiſe conduite de Kornman *a traîné dans la boue*, que vous ayez la juſtice, Monſieur, de faire ordonner la reſtriction que je vous demande ».

» Accablé, comme je le ſuis, de mes propres affaires, celle-ci devroit m'être éternellement étrangere; mais deux perſonnes auguſtes m'ont fait de ſi vives inſtances de porter le flambeau de l'auſtere équité, dans une caverne obſcure & méphytique, que je n'ai pu me diſpenſer de travailler à éclairer leur religion abuſée ſur cet objet important ».

» En l'abſence de l'un & de l'autre, & ſans autre miſſion que celle que j'ai l'honneur de vous indiquer, mais que je crois la plus forte de toutes, je me hâte de vous repréſenter, Monſieur, la néceſſité d'une auſſi grave reſtriction, dans la ſurſéance accordée par le Roi à la maiſon Kornman ; je ſouhaite beaucoup que Guillaume Kornman ſoit plus digne de votre protection dans ſes autres affaires, que dans celle des Quinze-Vingt, où il s'eſt comporté de la maniere la plus répréhenſible, & c'eſt le plus doux adjectif que je puiſſe employer pour déſigner une conduite abſolument inexcuſable ; je ſuis, &c. ».

On conviendra qu'il étoit difficile d'employer à la fois plus d'impudence & de méchanceté. Le ſieur de Beaumarchais avoit fait un examen auſtere de l'affaire des Quinze-Vingt! Et quand & avec qui avoit-il entrepris & conſommé cet examen auſtere ?

Le ſieur de Beaumarchais avoit exigé de moi *des comptes rigoureux !* Eh qu'il m'apprenne à quelle époque il avoit eu l'audace de me demander des comptes rigoureux! Je ne l'avois vu que trois fois ; une fois chez M. Lenoir, à l'inſtant où mon épouſe lui avoit été remiſe, & je ne lui avois pas parlé ; une fois chez M. le Cardinal, & je lui avois à peine dit quatre paroles ; une fois chez moi, & on vient de voir, si dans cette derniere circonstance j'avois l'air d'un homme disposé à soumettre ma conduite à sa censure ! A quelle époque donc avoit-il débattu avec moi (car c'étoit avec moi qu'il falloit sûrement les débattre), à quelle époque avoit-il débattu les diverses parties de la gestion qui m'avoit été confiée (1).

Le Sr. de Beaumarchais prétend qu'il m'a fait *ôter la caisse des Quinze-Vingt* ; & cette caisse n'a véritablement jamais été dans mes mains, &, comme je l'ai dit, je n'ai jamais été chargé d'autre chose que de sa surveillance. Or qu'il me montre, s'il l'ose, la délibération de la société qui m'a privé de la surveillance de sa caisse, qu'il produise un seul fait qui prouve que j'ai mérité d'en être dépouillé.

Le sieur de Beaumarchais assure qu'une foule de choses, toujours relatives à ma gestion, l'ont convaincu que j'ai ménagé de bien loin la faillite que je fais aujourd'hui ; on vient de voir comment cette prétendue faillite a été préparée ; & d'ailleurs pouvoit-il dire que ma maison avoit failli, quand avec un actif surpassant d'un million son passif, elle n'avoit demandé que le tems de payer, quand elle n'avoit eu recours qu'à un simple arrêt de surséance ? Pouvoit-il dire, l'imposteur, qu'une telle faillite avoit été ménagée de loin par des moyens criminels, lorsqu'en demandant cet arrêt de surséance, il savoit que nous nous étions engagés à rembourser nos créanciers *en capital, intérêts & frais* ; & je viens d'attester qu'en effet nous les avons remboursés *en capital, intérêts & frais.*

Et le sieur de Beaumarchais parle au nom de deux personnes augustes qui ont *absentes*, & dont il confesse qu'il n'a aucune mission spéciale pour la démarche hardie qu'il se permet, & c'est *son zele pour le bien public qui le dévore, & c'est en portant dans une caverne méphytique le flambeau de l'austere équité, qu'il va, dit-il, relever une affaire majeure que j'ai jettée dans la boue!*

J'ai promis d'être modéré ; mais un homme dont la vie entiere n'a été qu'un attentat perpétuel contre les mœurs & la probité, un homme jetté dans toutes les affaires, dans toutes les entreprises, pour en abuser à son profit ; un homme qui n'a jamais connu d'autres ressources pour accroître ou

---

(1) D'ailleurs en quelle qualité le Sr. de Beaumarchais m'auroit-il fait rendre des comptes rigoureux, avoit-il une mission du gouvernement à cet effet ? Étoit-il associé dans l'entreprise ? En un mot, quel étoit son titre pour soumettre mes opérations à sa censure ?

maintenir

maintenir fa fortune ; que l'intrigue , l'efpionnage , la délation , la mauvaife foi ; bas , quand il eft de fon intérêt de ramper ; audacieux , quand il s'eft arrangé pour ne pas craindre ; infultant à l'autorité , quand il peut le faire avec fuccès ; fe vendant à l'autorité , quand il peut en efpérer des faveurs ; un homme qui , pour citer un fait trop connu , dans une circonftance politique , importante pour nous , fe fait charger des fournitures néceffaires à l'Amérique Angloife à l'inftant où nous l'aidons à brifer fes fers , & qui , au milieu des plus grands intérêts , ne méditant que fon profit perfonnel , inonde les contrées du Nouveau-Monde de marchandifes avariées , & porte ainfi , au-delà des mers , un coup funefte au commerce national , à la réputation du nom François ; un homme qui , pour citer encore un fait plus connu , traîné publiquement dans la boue par un écrivain fameux qu'il a eu l'impudence d'infulter , n'a pas ofé lever le front devant lui , & qui par fon filence coupable a juftifié l'opprobre dont il a été couvert ; un homme , en un mot , qui toute fa vie ne s'eft agité que dans un foyer de corruption & d'impofture , & dont la facrilege exiftence attefte avec un éclat fi honteux le degré de dépravation profonde où nous fommes parvenus ; un tel homme ofe parler de fon zele pour le bien public , & c'eft dans fes mains fangeufes que brille le flambeau de *l'auftere équité ;* certes il doit bien être permis de s'abandonner à tous les mouvemens de fon indignation & de fa douleur , quand on fonge que c'eft fous les coups d'un adverfaire fi vil & qui devoit être fi peu redoutable qu'on a fuccombé.

Ce n'eft pas tout ; en même - tems que le Sr. de Beaumarchais écrivoit à M. Amelot pour me faire excepter de l'arrêt de furféance , le Sr. Daudet & lui , engageoient la dame Kornman à écrire également à ce miniftre pour le même objet , & toujours fous le pretexte d'affurer fa dot ; comme fi fa dot devoit être plus en fûreté , lorfqu'on auroit mis le feu dans mes affaires , & qu'on auroit livré ce qui me reftoit de fortune à des hommes acharnés à ma ruine.

Sur la lettre de la dame Kornman & du Sr. de Beaumarchais , M. Amelot m'excepte de l'arrêt de furféance.

Ce n'eft pas tout encore ; il ne fuffifoit pas de renverfer ma maifon de banque & d'envahir ma fortune perfonnelle , il falloit en même tems , fi la chofe étoit poffible , me dépouiller de ma liberté , & me faire périr dans une prifon , couvert de l'opprobre que je n'avois pas mérité.

En conféquence on médite d'obtenir un ordre du miniftre pour me faire

F

enfermer à la baſtille , comme coupable de malverſation dans une affaire où le Roi eſt ſpécialement intéreſſé.

J'étois mourant ; depuis lon-gtems ma maiſon étoit environnée & remplie d'eſpions. J'en étois inſtruit , & je ne pouvois pas même dans mon intérieur eſpérer la paix & la confiance dont j'avois beſoin.

Je n'oublierai jamais qu'un pauvre d'un âge avancé , inſpirant la pitié par le ſpectacle de ſes ſouffrances & de ſon abandon , ſe tenoit ordinairement durant la plus grande partie du jour ſur le ſeuil de ma porte ; j'avois ordonné à mes gens qu'on prît ſoin du pauvre , & moi-même je ne rentrois jamais chez moi ſans lui faire une légere aumône ! Eh bien le pauvre étoit un eſpion chargé d'obſerver mes démarches & d'en rendre compte.

Parmi mes gens quelques-uns depuis long-tems s'étoient vendus à mes perſécuteurs , & me trahiſſoient. Je n'exiſtois que pour ſoupçonner ou pour craindre, je ne voyois approcher aucun d'eux que je n'éprouvaſſe un ſentiment de terreur, & que mon ame ne s'ouvrît à la défiance. Enfin tandis que je ne vivois que pour être en proye aux perplexités les plus horribles, on tente de m'empoiſonner chez moi. La doſe du poiſon heureuſement n'eſt pas aſſez forte pour me faire périr ; je dors trente - ſix heures de ſuite d'un ſommeil tourmenté , & je me réveille dans un état affreux.

C'eſt en cet inſtant , c'eſt au ſein de ces circonſtances accablantes que j'apprends qu'on ſollicite, & qu'on eſt prêt d'obtenir un ordre pour me faire enfermer. Je demeure immobile d'indignation & d'effroi ; cependant je veux demeurer , ne me ſouciant plus de défendre une vie contre laquelle on conſpire avec tant de violence , regardant la priſon comme mon tombeau , & n'y appercevant que la fin prochaine de mes douleurs. Quelques amis qui me reſtoient encore, combattent ma réſolution ; je réſiſte d'abord avec opiniâtreté , enfin je cede à leurs inſtances, préoccupé tout-à-coup par une idée terrible. Pour la troiſieme fois je prends la route de Spa , accompagné d'un valet-de-chambre qui depuis vingt ans étoit à mon ſervice , dans lequel j'avois mis toute ma confiance , & dont on avoit auſſi corrompu la fidélité.

Me voilà donc ſur la route de Spa. Oh ! qui peut ſe faire une idée de mon tourment ! Qui peut concevoir l'état d'oppreſſion & d'angoiſſe auquel j'étois parvenu ! Il y avoit peu d'années que , jouiſſant d'une fortune qui ſuffiſoit à mes ſouhaits , environné de l'opinion des honnêtes gens , vivant pour une femme adorée , nourriſſant dans une ame tranquille toutes les affections ,

toutes les habitudes douces , fans lefquelles il n'eft pas de bonheur fur la
terre ; il y avoit peu d'années que je voyois fe développer devant moi la
perfpective la plus confolante & la plus heureufe ; & maintenant je fuyois,
folitaire , abandonné , profcrit , & ma fortune étoit difperfée ; & avec une
confcience fans remords , la conduite la plus noble & la plus pure , je traî-
nois après moi l'infupportable fardeau d'une réputation douteufe ; & la
femme que j'avois tant aimée , devenue , à force d'imprudence & d'erreurs,
le plus cruel inftrument de ma perte , loin de moi peut-être s'applaudiffoit,
avec mes implacables perfécuteurs , du funefte fuccès de fes démarches.

Oh ! comme les heures fe fuccédoient lentement ! Comme elles m'appor-
toient toutes, ou des fouvenirs déchirans , ou de pénibles penfées ! Comme
la trifteffe , femblable à une nuit matérielle & profonde , pefoit fur mes facultés abattues ! Combien j'étois infortuné ! Quelquefois rappellant ma raifon,
ranimant un peu mon courage , j'effayois de m'élever au-deffus de ma deftinée préfente ; & dans ce court inftant de vie , je fentois la douleur fur
mon cœur déchiré , comme un vautour rongeant une plaie vive & fan-
glante. Quelquefois , pour fuir le préfent qui m'accabloit , j'effayois de dé-
tourner mes regards vers l'avenir. Combien il étoit épouvantable l'avenir !
Comme , au milieu du tumulte de mes idées , toutes les fituations qu'il m'offroit , étoient affligeantes & cruelles ! Et mes enfans qu'alloient-ils devenir !
Encore dans le premier âge , il n'avoient d'autre appui que moi fur la terre;
& fi je fuccombois à mes peines , à quel fort funefte étoient-ils réfervés ?
Hélas ! je les voyois facrifiés par une mere dénaturée à fon lâche féducteur,
lutter feuls contre une foule d'événemens domeftiques qui ne fe fuccédoient,
dans mon imagination , que pour leur aviliffement & leur ruine. Nés avec
toutes les inclinations aimables qui pouvoient me les rendre chers , ils ne
devoient croître déformais qu'au fein de l'intrigue & des mauvaifes mœurs.
S'ils réfiftoient aux exemples corrupteurs , dont ils alloient être environnés ,
la peine , & peut-être la pauvreté , & l'opprobre du nom de leur pere ,
l'opprobre d'un nom flétri par d'affreufes calomnies , les attendoit à leur
entrée dans le monde , pour les tourmenter à la fois par tous les fléaux qui
peuvent abattre ou défoler des ames généreufes.

Pardonne-moi , mon Dieu , fi , parmi ces funeftes images , j'ofois douter
de ta providence ; fi , détaché avec effort de tout ce que j'avois aimé , de
tout ce que j'aimois , ne tenant plus à la fociété que par des regrets , ne
voyant par-tout que le crime triomphant , & l'innocence plaintive; délaiffé,

malheureux , pardonne-moi , fi j'ai cru que'ques inftans qu'une néceffité aveugle fe jouoit ici-bas de toutes les deftinées ; fi j'ai penfé que la vertu n'étoit qu'un vain nom , les devoirs que la nature ou la fociété nous impofent , que des liens imaginés par la force , pour enchaîner & mettre à profit la foibleffe. Pardonne-moi , fi , dans mon défefpoir mortel , n'appercevant plus de repos pour moi , plus de bonheur déformais poffible , abymé dans un océan de douleur & d'inquiétudes , j'ai voulu m'affranchir d'une vie qui ne m'offroit qu'une longue perfpective d'infortune & d'infupportables tourmens. Je m'agitois parmi des phantômes ; je n'entendois que des cris funebres ; un deuil affreux m'enveloppoit tout entier ; & aucun rayon de lumieres n'en tempéroit les ombres redoutables ! Que pouvois-je contre tant de maux ! Trop foible , trop accablé pour les fupporter davantage , ai-je dû regarder comme un crime le projet de m'y fouftraire fans retour ; & ne refpirant plus que pour fouffrir , & n'appercevant la paix qu'au-delà du tombeau , n'étoit-il pas tout fimple que je vouluffe hâter le moment où je devois y defcendre.

C'eft dans ce trouble cruel de ma raifon que j'arrive à Spa. Heureufement pour moi , j'y trouve un ami dont j'eftimois le courage & les confeils. Jeune encore , il avoit éprouvé tous les chagrins qui peuvent exercer une ame fenfible ; & l'habitude du malheur lui avoit appris à ne pas regarder la peine des autres avec indifférence. Le tableau que je lui fis des derniers événemens de ma vie , l'intéreffa vivement ; il entrevit tout l'effet qu'ils devoient produire fur moi ; & c'en fut affez pour qu'il ne me quittât plus. Loin des affemblées tumultueufes de Spa , qui ne m'auroient offert que l'image d'un monde que je déteftois , nous paffions nos journées à nous promener dans les lieux les plus écartés & les plus folitaires. Là , par des converfations douces , & des réflexions que lui infpiroit tantôt le fouvenir des maux qu'il avoit foufferts , tantôt le fpectacle des fcenes impofantes & paifibles que la nature déployoit autour de nous , il s'efforçoit de me diftraire des penfées funeftes qui m'agitoient. Infenfiblement mes idées , en fe mêlant aux fiennes , perdirent de leur trouble & de leur incertitude ; le calme fe rétablit un peu dans mon cœur ; & mes reffentimens , fans ceffer d'être moins profonds , devinrent moins amers. Alors il me parla de mes enfans; il me rappella tout ce que je leur devois , tout ce que je me devois à moi-même ; & me faifant regarder comme une efpece de lâcheté , d'abandonner ma réputation & ma fortune à des hommes qui ne feroient bientôt plus dangereux , fi j'avois enfin le courage de les faire connoître; il m'exhorta, fitôt que ma fanté feroit ré-tablie, à retourner à Paris, pour y folliciter avec éclat la juftice qui m'étoit due.

En effet, après trois mois de féjour, foit à Spa, foit à Aix-la-Chapelle, je revins à Paris. On va me voir encore livré à de nouveaux orages, employer tous les inftans de ma vie, tantôt à déconcerter une intrigue, tantôt à me dégager d'un piege, tantôt à combattre une calomnie.

J'avois deux chofes à faire en arrivant ; d'une part je devois arracher les débris de ma fortune aux mains des hommes qui l'avoient envahie, & re-couvrer en même tems ma réputation trop cruellement compromife par leurs lâches impoftures ; d'autre part, il falloit mettre la dame Kornman, prétexte éternel de perfécution contre moi, hors d'état de me nuire défor-mais, & l'empêcher elle-même de s'égarer davantage.

Je m'occupai de ces deux objets en même tems.

J'attaque d'abord l'adminiftration des Quinze-Vingt, à laquelle préfidoit le Sr. Séguin, ancien tréforier de M. le duc de Chartres, principal action-naire de l'entreprife ; & bien inftruit que, depuis que le Sr. de Beaumar-chais s'en eft occupé, il y regne un défordre puniffable, je demande qu'il me foit rendu un compte fidele.de la maniere dont les affaires communes ont été gérées.

On me répond avec effronterie, que je fuis abfolument fans intérêt dans l'entreprife ; & que, loin d'en être créancier, j'en fuis peut-être débiteur. Je ne conçois rien, dans le premier moment, à ce langage. On me voyoit malheureux, fans protecteurs, fans appui ; mais j'avois dépofé en effets bien réels, dans la caiffe de la fociété, la fomme de fix cens mille livres ; & c'étoit certes un procédé bien hardi, que d'entreprendre de réduire au filence un homme qui avoit la répétition d'une fomme fi confidérable à former.

Forcé de me livrer à d'autres difcuffions avec la dame Kornman, je ne veux pas d'abord agir par moi-même contre mes adverfaires ; j'ai recours au Sr. abbé Beaudeau, qui étoit alors à la tête des finances de M. le duc de Chartres ; & je le prie de fe charger de la défenfe de mes intérêts. On l'amufe pendant dix-huit mois. Enfin voyant qu'on s'obftine toujours à ne me rendre aucun compte, je me préfente à l'adminiftration, accompagné d'un procureur, & décidé à traduire dans les tribunaux les détenteurs de ma fortune.

Le Sr. Séguin & fes affociés , pouffés jufques dans leurs derniers retran-
chemens , ufent d'un moyen tout-à-fait extraordinaire pour fe tirer d'embarras. J'ai déjà dit qu'à la priere de M. de Maurepas, j'avois bien voulu me
charger de la furveillance de la caiffe de la fociété. J'avois payé , en conféquence ,
une grande partie des dépenfes des entrepreneurs & des ouvriers employés aux
conftructions des Quinze-Vingt ; & , pour affurer la fincérité des comptes
qui me feroient préfentés , j'avois pris la précaution d'affujettir les compta-
bles à une formalité de plus qu'on ne l'avoit fait avant moi. On fe prévaut
de cet excès de précaution ; & , pour retenir mes fix cens mille livres , on a
l'audace de me déclarer qu'on ne m'allouera pas ma dépenfe qui fe montoit
à la fomme de neuf cens mille livres , précifément parce que , fans rien négliger de ce qu'on a pratiqué jufqu'à l'époque de ma geftion , j'ai cru qu'il
étoit de la prudence d'aller encore au-delà.

Irrité de tant de mauvaife foi , je prends mes mefures pour attaquer mes
adverfaires dans les tribunaux ordinaires. La crainte s'empare d'eux ; ils étoient
trop coupables , pour n'avoir pas recours à l'intrigue. En conféquence ils
s'adreffent à M. le Cardinal qui , fans doute toujours trompé par le Sr. de
Beaumarchais , obtient un arrêt du confeil , portant attribution au bureau
des économats , de toutes les conteftations nées & à naître , relativement à
l'affaire des Quinze-Vingt.

M. le Cardinal avoit prévenu le Sr. Séguin & fes affociés , qu'il avoit la
plus grande influence dans le bureau des économats , & qu'il fauroit me
rendre cette influence funefte. Ma caufe étoit trop claire pour que j'euffe
aucun tribunal à redouter. Je préfentai ma requête au bureau , aux fins de
me faire rendre le compte que je demandois. Le bureau , entrevoyant , de
la part de mes coaffociés , des manœuvres qu'il importoit de déconcerter ,
réfifta , comme je l'avois bien penfé , à l'influence de M. le Cardinal ; & ,
en attendant que l'adminiftration des Quinze-Vingt produisît fon compte , il
nomma un féqueftre pour percevoir les revenus de l'entreprife , c'eft-à-dire ,
les loyers des maifons conftruites fur les terreins que nous avions acquis.

Ce coup imprévu étonne un peu mes adverfaires. Pour s'en garantir en
quelque maniere , ou différer au moins la reftitution à laquelle j'allois les
forcer , ils imaginent une rufe de guerre tout-à-fait extraordinaire.

Un entrepreneur des bâtimens des Quinze-Vingt avoit détourné , à fon
profit , des matériaux deftinés à ces bâtimens. Le Sr. Séguin , d'accord avec

le Sr. de Beaumarchais, menace cet entrepreneur de lui faire un procès criminel , fi , dans un acte pardevant notaire , il ne me charge pas du délit
dont il s'est rendu coupable. L'entrepreneur intimidé fait ce que l'on veut ;
& , dans une déclaration qu'on le force de foufcrire, il dit qu'il a détourné
de l'entreprife des Quinze-Vingt, pour des conftructions qui me font particulieres , une valeur en matériaux de 92,000 liv.

Cette·déclaration avoit été faite peu de tems après mon retour à Paris,
& , je crois, à l'époque où je me préfentai, pour la premiere fois , à l'adminiftration des Quinze-Vingt , pour me faire rendre le compte dont j'ai
parlé.

Je prie qu'on obferve ceci. On tient cette déclaration fecrette , pendant
environ deux années. A l'inftant où l'on s'apperçoit que le bureau des économats eft difpofé à jetter un regard févere fur l'adminiftration de l'entreprife des Quinze-Vingt , on s'en prévaut tout-à-coup ; on pourfuit l'entrepreneur au châtelet, fans me prévenir ; & moi je me trouve impliqué, de
la maniere la plus déshonorante , dans la procédure criminelle qui lui eft
intentée.

J'ai peine à revenir de ma furprife. J'étois accoutumé cependant aux manœuvres de mes adverfaires ; & il femble que rien ne devoit m'étonner de
la part du Sr. de Beaumarchais , devenu depuis long-tems l'ame de tous
leurs complots.

Les pieces qui prouvoient que j'avois bien réellement payé l'entrepreneur
infidele , devoient exifter à la tréforerie de M. le duc de Chartres. L'entrepreneur l'ignoroit, ou fe flattoit du moins que , tout étant terminé depuis
long-tems entre lui & moi, elles auroient été fupprimées comme des papiers
de nul ufage. Heureufement le Sr. abbé Beaudeau les retrouve. Muni de ces
titres victorieux, je me rends chez mes juges ; & j'apprends que le Sr. Séguin
& fes affociés , ne mettant nulle mefure dans leurs calomnies , m'ont accufé
auprès d'eux d'avoir volé des millions dans l'affaire des Quinze-Vingt. Je
fuis donc reçu par mes juges comme un homme qui a volé des millions. On
penfe bien que je ne pris avec eux, ni le ton , ni l'attitude d'un coupable ;
après leur avoir obfervé combien il étoit odieux de tenir fecret , pendant
deux ans, un acte qu'il falloit produire fur le champ, fi , en effet, on me
croyoit le complice de celui qui l'avoit foufcrit ; après avoir fait remarquer
qu'on ne le produifoit, dans ce moment, que pour faire diverfion à la con-

teſtation actuellement pendante au tribunal des économats, & répandre dans
ce tribunal une opinion qui me fût défavorable, & dont on pût profiter,
pour m'empêcher d'obtenir la juſtice que j'y réclamois. Je montre mes titres,
& je demande moi-même, avec la plus grande inſtance, qu'il ſoit fait un
examen ſévere de la conduite de l'entrepreneur & de la mienne.

Tant de fermeté déconcerte mes adverſaires ; on comprend bien vîte
qu'au châtelet, comme au bureau des économats, on court quelques
riſques à engager une conteſtation ſérieuſe avec moi ; & depuis on s'eſt
abſtenu de toute démarche, m'ayant pour objet dans ces deux tribunaux.

Je dirai tout de ſuite ici que le Sr. Séguin & ſes aſſociés, dans un acte
qu'ils ont été forcés de ſouſcrire, ont reconnu que, poſtérieurement à toutes
ces diſcuſſions, ſoit en avances, ſoit en actions, j'ai bien réellement dépoſé
dans la caiſſe des Quinze-Vingt, une ſomme d'environ ſix cens mille livres ;
que dans le même acte ils ont déſavoué les démarches qu'ils ont faites auprès
des magiſtrats, pour m'accuſer de complicité avec leur entrepreneur infidele ;
& que, comme je ne voulois pas que le doute le plus léger pût s'élever ſur
ma réputation, ils ſe ſont engagés à pourſuivre ce même entrepreneur juſqu'au jugement de ſon procès.

Tandis que je travaillois ainſi à échapper à l'eſpece de conjuration qu'on
avoit formée pour envahir les reſtes de ma fortune, j'ai dit que je m'occupois
en même tems de mes démêlés avec la dame Kornman.

En arrivant à Paris, j'avois trouvé chez moi les ſcellés appoſés, à ſa requête, ſur tous mes effets, comme chez un débiteur failli & fugitif ; elle
avoit uſé de la même précaution dans mes domaines, ſoit à Straſbourg,
ſoit en Alſace ; & mettant à profit mon abſence, ne ſoupçonnant pas d'ailleurs
que je duſſe reparoître ſi promptement au milieu de mes adverſaires, elle
pourſuivoit, avec beaucoup de vivacité, le procès en ſéparation qu'elle
m'avoit intenté au châtelet, & que j'avois fait renvoyer à Straſbourg. Ce
procès venoit d'être porté, par appel d'une ſentence du magiſtrat de Straſbourg, au conſeil ſouverain de Colmar ; il n'étoit pas encore queſtion de
prononcer ſur le fond de la conteſtation ; mais ſimplement ſur des demandes
proviſoires, qu'en attendant le jugement du fond, la dame Kornman avoit
formées contre moi.

La dame Kornman a depuis ſuccombé dans ſes demandes proviſoires, &

ce

ce mauvais fuccès l'a déterminée à ceffer toute pourfuite fur fa demande en féparation.

A cette époque craignant que , foit par elle-même , foit par l'adreffe de fes protecteurs , elle me parvînt à faire illufion à fes juges , je me décide à partir pour Colmar. Là, en même-tems que j'inftruis les principaux membres du confeil fouverain de quelques faits qu'il me paroiffoit convenable de mettre fous leurs yeux , pour qu'ils puffent prononcer en connoiffance de caufe , je m'adreffe aux avocats réputés les plus fages , & leur rendant compte des circonftances dans lefquelles je me trouve , je les invite à me donner leur avis fur le parti qu'il me convient de prendre.

Leur avis fut que je n'avois que deux moyens d'échapper à la perfécution dont j'étois devenu l'objet ; le premier , une lettre de cachet , qui mît la dame Kornman hors d'état d'abufer de fa liberté ; le fecond , une plainte en adultere contre la dame Kornman.

Je ne pouvois recourir à une lettre de cachet , parce qu'il auroit fallu pour l'obtenir , m'adreffer à M. Lenoir , & que l'intimité dans laquelle il vivoit avec la dame Kornman , ne lui auroit pas permis de la demander.

Je me décide donc pour la plainte en adultere , & j'y vois d'autant moins d'inconvéniens , que j'étois le maître de la pourfuivre , ou d'y renoncer à mon gré , felon que la dame Kornman perfifteroit dans fes défordres , ou reviendroit à fes devoirs.

Je retourne à Paris , dans l'intention de former ma plainte ; à peine y fuisje arrivé , que M. Lenoir , je ne fais comment , eft inftruit de mon deffein , & qu'il me fait prier de paffer chez lui ; je m'y rends , non fans beaucoup de répugnance ; j'y trouve la dame Kornman , & on tente auprès de moi , la voie de la négociation , pour m'engager à renoncer à mon projet. Quelqu'outragé que je fuffe , je ne me montre point inflexible , & foit foibleffe , foit pitié , voulant fauver encore à la dame Kornman le défagrément d'une procédure qui ne pouvoit tourner qu'à fa honte , je laiffe entrevoir que je confentirai volontiers à tout arrangement qui portera fur des bafes fixes & raifonnables.

Je ne dois pas omettre un fait précieux. Dans le cours de cette conférence , la dame Kornman m'apprend qu'elle fait par M. Lenoir que j'ai répandu mille louis d'or dans les alentours de M. de Maurepas , pour obtenir l'ordre en vertu duquel elle a été détenue chez les dames Douai , & en ma préfence ,

G

elle interpelle le magiſtrat de déclarer, ſi en effet il ne lui a pas donné cette anecdote pour certaine. On peut juger ſi M. Lenoir qui, comme on l'a vu, avoit été le premier à me conſeiller de demander l'ordre dont il s'agit, qui l'avoit lui-même follicité auprès des miniſtres ; qui, en un mot, étoit feul le véritable auteur de la détention de la dame Kornman, dut être interdit à une pareille interpellation. Il ſe tait un moment, puis il affecte de parler d'autre choſe pour ſe difpenfer de répondre ; je ne voulus pas jouir de ſon embarras, & j'eus la bonté d'interrompre quelques obſervations un peu fortes que, dans le premier moment, je n'avois pu m'empêcher de faire au récit d'une calomnie, tout à la fois ſi imprévue & ſi peu fondée.

Certainement la dame Kornman eſt devenue bien coupable ; mais, ſi pour l'engager à fouler aux pieds tous ſes devoirs, pour l'aliéner à jamais de ſon époux & de ſes enfans, on a employé des moyens pareils à celui dont je parle ici, il faut la plaindre, & réferver toute ſon indignation pour les hommes qui n'ont pas rougi de recourir à de tels procédés, afin de l'égarer davantage.

Quoi qu'il en ſoit, Me. Dufreſnoy, procureur de la dame Kornman, rédige les articles d'une convention entre elle & moi. Ces articles ſe réduiſoient à peu près à ceci. Je devois lui payer une penfion annuelle, elle devoit ſe retirer dans ſa famille, elle aſſuroit les deux tiers de ſa fortune aux deux enfans qu'elle avoit eus de moi, elle conſervoit la liberté de difpofer de l'autre tiers en faveur de ſon troiſieme enfant. En y réfléchiffant, j'avois penſé qu'il étoit dur d'imputer comme un crime à ce troiſieme enfant, le vice de ſa naiffance ; que quoique je ne puffe l'avouer, ſa mere n'en devoit pas moins conſerver pour lui tous les fentimens de la nature, & qu'il étoit convenable qu'elle ſe réfervât quelques moyens d'affurer ſon fort, & de lui donner des preuves de ſa tendreffe.

Au moment de la fignature, la dame Kornman rejette la convention ; Me. Dufreſnoy ne peut s'empêcher de lui faire remarquer combien, après une conduite auffi condamnable que la ſienne, elle ſe fait tort, en n'acceptant pas les propofitions qui lui font offertes. La dame Kornman perfifte dans ſon refus.

Je menace de nouveau de ma plainte en adultere. On m'arrête par d'autres négociations. L'oncle de la dame Kornman vient à Paris. Il veut à tout prix affoupir une affaire qui ne peut avoir pour ſa niece, que les ſuites les plus cruelles. On charge le miniftre de la chapelle de Hollande de rédiger un fecond traité de paix; les articles de ce traité reffemblent à peu de chofe près à ceux de la convention dont je viens de parler. Je les accepte ; on les préfente à la dame Kornman qui, comptant fur le crédit du fieur de Beaumarchais, & fûre de la protection de M. Lenoir, refufe de figner encore.

Peu de-tems après, je fuis inftruit qu'elle eft impliquée dans une affaire d'efcroquerie de l'efpece la plus fâcheufe. On l'accufe d'avoir acheté chez différens marchands beaucoup d'effets pour lefquels elle a donné de fauffes lettres de change. J'apprends que ces fauffes lettres de change lui ont été remifes par les nommés Brunet, prétendus Banquiers, arrêtés par ordre de la police, & détenus à l'hôtel de la Force. J'apprends qu'un des marchands trompés a rendu plainte contre la dame Kornman ; que M. Lenoir a fait de vains efforts pour l'intimider ; je vole chez ce marchand ; je l'appaife ; j'apprends enfin que M. Lenoir, redoutant les conféquences que peut avoir pour la dame Kornman la détention des Brunet, les a fait difparoître & les a fouftraits ainfi à la peine qu'ils ont méritée (1).

Quoique les détails de l'affaire dont je parle ici, foient fi honteux que je me fais un devoir de les fupprimer, je me hâte de le dire, certainement à cette époque la dame Kornman ne s'eft pas doutée des dangers qu'elle couroit ; elle n'a pas vu combien étoit grave la faute dont elle fe rendoit coupable ; je la connois imprudente, légere, capable de fe précipiter dans les démarches les plus téméraires, les plus fauffes, toutes les fois qu'elle s'abandonne à l'impétuofité de fon caractere ; je fais tout ce que peut une féduction ménagée avec art, fur une femme jeune, fans expérience, ignorant la force des ufages imaginés pour maintenir la bonne-foi dans le commerce ; je fais comment par foibleffe, par étourderie, par un concours de circonftances dont elle n'aura pas apperçû l'enfemble, il eft poffible qu'elle devienne criminelle, fans avoir eu l'intention véritable de commettre un crime. Mais qu'on juge de mon effroi ! La dame Kornman avoit donc été jettée par les fieurs Daudet & Beaumarchais dans une fociété affez corrompue, pour fe trouver accufée de complicité avec de vils efcrocs ; on pouvoit donc l'aveugler affez pour en faire l'inftrument d'une baffeffe, pour l'affocier même à des démarches capables

---

(1) Ceci eft prouvé par les dépofitions des dix-feptieme, dix-huitieme, dix-neuvieme, vingt-unieme, vingt-troifieme, vingt-quatrieme, vingt-cinquieme & vingt-huitieme témoins.

d'attirer fur elle les dernieres vengeances des loix. Que M. Lenoir n'eût pas été à la tête de la police, que par son autorité il n'eût pas imposé silence aux témoins qui s'élevoient contr'elle, j'aurois donc eu la douleur de la voir publiquement impliquée dans une procédure infamante ? Eh! qui me répondoit qu'après la retraite de M. Lenoir, si par hasard pourfuivant le cours de ses défordres, elle se trouvoit encore dans une circonstance semblable, qui me répondoit que le magistrat qui succéderoit à M. Lenoir, se conduiroit avec autant de zele & d'indulgence ? Un époux, un pere pouvoit-il en pareille occasion demeurer indifférent & tranquille ? N'étoit-il pas tems pour moi d'employer enfin des mesures assez décisives, non plus pour rappeller à ses devoirs une femme qui s'obstinoit à les méconnoître, mais pour l'empêcher au moins de se couvrir, elle, sa famille & ses enfans, d'un opprobre inévitable (1).

Cependant encore, avant que de rien entreprendre, je fais part de ma situation à une personne revêtue d'un caractere respectable & qui m'honoroit de son amitié ; il lui paroît, après avoir réfléchi sur la suite nombreuse de faits que je mets sous ses yeux, que M. Lenoir est trop compromis dans cette derniere aventure, & dans toutes celles qui l'ont précédée, pour qu'il ne comprenne pas qu'il a le plus grand intérêt à mettre fin aux défordres de la dame Korn-man. En conféquence, cette personne veut bien écrire à M. Lenoir une lettre très-preffante, & l'engager à faire pour moi, ce que la prudence autant que le devoir de sa place me mettoit en droit d'exiger de lui.

M. Lenoir répond en m'assignant un rendez-vous à l'hôtel de la police. Je m'y trouve à l'heure indiquée. M. Lenoir veut prendre avec moi un ton imposant. Il ose même se permettre de menacer un homme devant lequel il n'avoit qu'à rougir. Étonné d'une maniere d'agir si déplacée, pour ne rien dire de plus, & me rappellant à la fois tous les maux qu'il m'a faits, je lui déclare que dans la position où je suis, aucune puissance humaine ne peut me faire trembler, que je suis résolu de m'expofer aux plus inévitables dangers, pour faire connoître la troupe de bandits dans laquelle je suis tombé ; que la

---

(1) On conviendra que cette derniere considération devoit faire une impression terrible sur mon esprit, & que chez une nation telle que la nôtre, où, lorsque la loi prononce une peine infamante contre un coupable, l'opinion fait partager son opprobre à une famille entiere, il ne m'etoit plus permis, sans m'exposer moi-même à encourir un jour le blâme universel, de demeurer spectateur indifférent des défordres de la dame Kornman.

vie m'eft peu chere, que je la perdrai fans regret, fur-tout, fi je peux le faire connoître lui-même ; lui qui, chargé du maintien des mœurs, s'eft permis en protégeant de la maniere la plus efficace les défordres d'une femme égarée, de précipiter dans un abyme affreux, un pere irréprochable, & fa famille innocente & malheureufe.

Tandis que je parlois, la figure de M. Lenoir s'arrangeoit infenfiblement pour un autre langage ; il a l'air de compâtir à mes peines, il me protefte qu'il a toujours eu pour moi, *la plus grande eftime*, qu'il eft mon *meilleur ami*, & il me demande ce qu'enfin j'exige de la dame Kornman.

Je réponds que mon *ultimatum* dans cette étrange affaire n'eft encore à peu près que ce que j'ai exigé dans le principe, c'eft-à-dire, comme on l'a vu, que la dame Kornman, après avoir affuré à fes enfans les deux tiers de fa fortune, quitte Paris, pour retourner dans fa famille, ou fe retire au moins dans un lieu décent, où toute relation avec les hommes qui l'ont perdue, ne foit plus à craindre.

M. Lenoir trouve enfin raifonnables ces propofitions tant de fois rejettées ; il m'affure que fi la dame Kornman refufe de les accepter, il ira lui-même avec moi chez M. le baron de Breteuil folliciter un ordre du Roi, pour la faire conduire hors de Paris, dans une retraite convenable.

Il s'agiffoit de trouver un négociateur pour traiter avec la dame Kornman ; mettant toujours la plus grande franchife dans mes procédés, je ne veux d'autre négociateur que Me. Gomel, confeil à cette époque de la dame Kornman, & je me tranfporte chez lui pour lui faire part de mes dernieres réfolutions. Me. Gomel les approuve, & me dit entr'autres chofes, *que coupable de tant de défordres, la dame Kornman fera bienheureufe, fi elle peut en être quitte à fi bon marché.*

Après plufieurs pourparlers, un rendez-vous eft affigné à la police, pour tout terminer. Je n'y affifte pas, mais la dame Kornman s'y trouve avec Me. Gomel. La conférence dure long-tems, j'ignore ce qui s'y paffe, j'apprends feulement que la dame Kornman a refufé de figner mes propofitions.

A quelques jours delà, M. Lenoir me fait dire par Me. Gomel, qu'il faut abfolument que je me décide à recevoir la dame Kornman dans ma maifon, avec fon enfant ; qu'elle s'y préfentera fuivie d'un commiffaire, & qu'elle y entrera ainfi malgré moi.

Comment, après tout ce qui s'étoit paffé, pouvoit-on imaginer que de vaines menaces me feroient confentir à recevoir chez moi , comme échappée des mains des Srs. Daudet & Beaumarchais , une femme accoutumée à la vie la plus licentieufe , exiftant depuis long-tems parmi des hommes fans morale , & annonçant affez par fon obftination à refufer toute efpece d'accommodement raifonnable avec moi , qu'elle n'étoit difpofée à changer , ni de fyftême , ni de conduite.

Je réponds en peu de mots à Me. Gomel que fi la dame Kornman , obéiffant à des confeils infâmes , ofe fe préfenter dans ma maifon , je faurai me conduire de maniere à faire repentir elle & fes protecteurs de leur impudence.

Enfin , las de voir qu'aucune confidération humaine n'a d'empire fur l'efprit de la dame Kornman & de mes perfécuteurs , voulant échapper une fois pour toutes aux horreurs de toute efpece qui m'environnent , je rends ma plainte en adultere. Un grand nombre de témoins font entendus , & tous les faits expofés dans ce Mémoire , qui peuvent être prouvés par témoins , l'adultere , l'efcroquerie , la protection décidée de M. Lenoir , la remife de la dame Kornman au Sr. de Beaumarchais , font prouvés de la maniere la plus évidente.

Je fais remetrre l'information à M. le lieutenant-criminel , elle eft enfuite renvoyée à M. le procureur du roi , pour qu'il donne fes conclufions.

Je me tranfporte chez ce magiftrat ; je lui fais une peinture douloureufe de ma fituation. M. le procureur du roi veut m'appaifer. Il m'invite à chercher encore s'il n'y a pas entre mon époufe & moi quelques moyens de conciliation. Je réplique qu'il n'y en a plus , qu'horriblement calomnié , feul , fans appui fur la terre , je me dois à moi - même , & à mes enfans dont le fort m'occupe uniquement , de faire un dernier effort avant que de defcendre dans le tombeau , où mes chagrins me conduifent , pour laiffer au moins après moi une mémoire honorable , & ne pas mourir avec la réputation honteufe d'un homme qui a mérité fes malheurs. J'ajoute qu'il eft de mon devoir d'empêcher que la dame Kornman ne fe rende coupable de plus grandes erreurs ; & que toutes les fois que je fonge qu'elle eft entre les mains d'une troupe de fcélérats qu'on peut appeller , à jufte titre , l'écume de la nation , je frémis des forfaits dont fon imprudence peut la rendre complice. Je finis par lui demander avec inftance fes conclufions.

Cependant le parti de la dame Kornman eft violemment agité. On me détache Me. Gomel pour m'engager à renoncer à ma plainte.

J'étois horriblement fatigué de la vie orageuse & toujours inquiete que je menois depuis si long-tems. Épuisé par de noirs chagrins, j'envisageois ma fin comme prochaine, & si je périssois, ma fortune étant presque toute entiere dans les mains de mes oppresseurs, je laissois mes enfans à leur merci. D'ailleurs je l'avoue, c'étoit à regret, c'étoit entraîné par une nécessité insurmontable, & en étouffant tous les sentimens de mon cœur que je m'étois déterminé à rendre plainte contre mon épouse : livré aux plus cruelles perplexités, n'ayant plus assez de forces pour me démêler du cahos d'intrigues dans lequel on m'avoit plongé, il étoit donc tout naturel que je désirasse encore qu'il existât pour moi un moyen d'en sortir.

Ainsi, je ne fus pas résister assez aux efforts que fit Me. Gomel, pour m'inviter non plus précisément à renoncer à mes démarches, mais simplement à en suspendre les effets ; il me prouve, & il n'a pas beaucoup de peine à me prouver, que M. Lenoir impliqué de toute maniere dans ma procédure, a le plus grand intérêt à ce que je garde le silence. En conséquence, il me demande de sa part avec les plus vives instances quelle satisfaction j'exige après tant d'outrages; & me parlant en apparence avec une franchise qui me séduit, il me conjure de déterminer un plan qui, embrassant à la fois mes divers intérêts, puisse mettre fin à toutes les contestations qui m'ont été suscitées.

Après quelques jours de réflexion je rédige un plan, dont il me paroît inutile d'exposer ici les détails. Il suffit qu'on sache qu'il étoit relatif à l'entreprise des Quinze-Vingt, & qu'au moyen de quelques arrangemens que je proposois de prendre avec le trésor royal, arrangemens qui me paroissoient aussi avantageux au gouvernement dans les circonstances où il se trouvoir qu'aux intéressés dans l'entreprise, j'assurois à mes enfans les six cens mille livres dont j'ai ci-devant parlé.

En même-tems que je proposai ce plan, je déclarai qu'il falloit absolument que la dame Kornman acceptât toutes les conditions du traité qu'elle avoit jusqueslà refusé de souscrire, conditions au reste qui, après ce qui venoit de lui arriver, n'avoient pour objet que de prévenir les fautes graves auxquelles la malheureuse facilité de son caractere & l'habitude de vivre parmi des hommes corrompus pouvoient l'entraîner. Si elle consentoit à ce que j'exigeois d'elle, j'offrois de payer ses dettes, qui se montoient, je crois, alors à la somme de cinquante mille livres.

Ce n'eſt pas tout ; j'avois été horriblement calomnié, & de toute part, grace aux intrigues du Sr. de Beaumarchais, & aux démarches de mon épouſe, le cri public s'élevoit contre moi. Si je conſentois à me taire, je ne voulois pas que mon honneur fût en ſouffrance. D'après cette idée, je demandai que M. Lenoir, uſant de tout ſon crédit auprès de M. de Calonne, m'obtînt une commiſſion honorable, ſoit dans le Nord, ſoit dans l'Inde, qui atteſtât de la part du gouvernement l'opinion qu'il falloit avoir de moi, & ne voulant pas qu'on pût penſer que j'échangeois ma réputation contre de l'argent, je m'engageois à exercer cette commiſſion à mes frais.

Au moyen de ce qu'on m'auroit ſatisfait ſur toutes ces choſes, je promettois de renoncer à ma plainte, & d'anéantir ma procédure.

Me. Gomel ſe rend chez M. Lenoir, & lui fait part de mes propoſitions ; vingt-quatre heures après, il m'annonce avec un air de ſatisfaction qu'un heureux haſard veut que M. Lenoir ſoit à la tête d'une commiſſion du conſeil qui le met dans le cas de me ſervir avec ſuccès, & qu'il n'y a pas de doute que je n'obtienne par ſon entremiſe tout ce que je deſire.

On eſt ſans doute tenté de croire que je touche à la fin de mes peines ; des négociations ſont en effet entamées & ſuivies pendant huit mois ſur le projet que j'avois préſenté. Pluſieurs fois, on m'annonce durant le cours de ces huit mois, que les négociations vont ſe terminer au gré de mes ſouhaits, & dans ces momens critiques, Me. Gomel, cherchant à ſurprendre ma crédulité, veut m'engager à brûler ma procédure, afin de donner par là, diſoit-il, une marque de confiance à M. Lenoir, qui le déterminât à s'occuper plus vivement de mes intérêts. J'avois été trop ſouvent trompé, & un pareil langage étoit peu propre à me ſéduire. Je réſiſtai donc opiniâtrement, décidé à ne rien accorder, qu'on n'eût auparavant effectué les promeſſes qu'on m'avoit faites.

Au bout de ces huit mois, on ſe laſſe de me tendre des pieges inutiles, on rejette mon projet, on m'annonce que mon affaire eſt manquée, & je ſuis éconduit avec une humeur d'autant plus fâcheuſe que quelque ruſe qu'on ait employée, on n'a pu parvenir à obtenir de moi l'anéantiſſement de cette procédure fatale qu'on avoit un ſi grand intérêt de ſupprimer.

Enfin, le moment de la cataſtrophe arrive. Il étoit donc bien décidé que, quoique je puſſe faire, je ne parviendrois jamais par la voie d'un accom-

modement

modément raifonnable, ni à terminer mes différends avec la dame Kornman,
ni à recouvrer pour mes enfans ma fortune injuftement envahie. Je n'avois
donc plus d'efpoir que dans la juftice des tribunaux, & après avoir éprouvé
fi fouvent la mauvaife foi de mes adverfaires, il ne m'étoit que trop démontré que, pour échapper à leurs complots, la loi étoit la feule puiffance
à laquelle déformais je duffe recourir.

Mais fi je parlois, n'étois-je pas trop redoutable, & que pouvoit-on op-
pofer au récit accablant de mes infortunes?

Il y avoit long-tems que je vivois feul, abfolument feul. Mes amis pour
la plupart m'avoient délaiffé, & je fuyois le petit nombre de ceux qui
m'étoient demeurés fideles. On s'intéreffe au malheur qui commence, parce
qu'il s'y mêle toujours quelque efpoir de le voir finir; mais lorfque le malheur eft opiniâtre, lorfqu'il fe prolonge fur une longue fuite d'années, comme
alors il reffemble en quelque forte au deftin qu'on nous peint inflexible &
qu'il eft inutile de combattre, la pitié qu'il infpire n'eft plus qu'un fentiment
pénible qu'on redoute d'éprouver. D'après cette idée puifée, je crois, dans
la connoiffance du cœur humain, je n'avois pas blâmé ceux de mes amis
qui m'avoient abandonné; & quant aux autres, perfuadé que je ne pouvois
leur apporter qu'une trifteffe importune, je m'étois éloigné d'eux, pour ne
pas leur offrir le fpectacle accablant d'une douleur qui n'admettoit plus ni
confolation ni remede.

Ainfi, je vivois feul. Dans cet ifolement funefte, le pire de tous les
états auquel un homme puiffe parvenir, je n'avois d'autre occupation que
de furveiller l'éducation de mes enfans. En attendant que je puffe m'éloigner
pour jamais d'une ville qui n'entretenoit en moi que des fouvenirs défolans,
je me livrois fans réferve à la tâche précieufe que je m'étois impofée, &
je ne me permettois d'autres diftractions que quelques promenades dans des
lieux écartés, où je pouvois donner un libre cours à ma mélancolie.

Ma maifon eft fituée dans un quartier peu fréquenté (1). Un foir (c'étoit
quelques jours après qu'on m'avoit définitivement annoncé, que je ne devois
plus fonger au projet dont je viens de parler) je m'étois promené plus tard
qu'à l'ordinaire, & je retournois chez moi plongé dans des réflexions qui
m'abforboient tout entier. A l'inftant où je touche le feuil de ma porte,

______

(1) Dans la rue Carême-Prenant.

H

& où je suis prêt à frapper pour me faire ouvrir, un homme s'offre tout-à-coup à moi, enveloppé d'un manteau & couvert d'un chapeau rabattu; il me saisit à la gorge, & m'appuye un pistolet sur le front, qu'il tire à bout portant. Sans doute la providence m'a réservé pour être un instrument de justice & de vengeance contre les hommes pervers dont j'ai été si long-tems la victime. Je portois un chapeau anglois d'une forme très-élevée. L'assassin trompé par la hauteur de la forme, ajuste mal son coup; mon chapeau est percé de part en part; étourdi par l'explosion de la poudre, & d'ailleurs foible & souffrant, je tombe à-peu-près sans connoissance sur un banc de pierre qui est à l'entrée de ma maison. L'assassin fuit; je fais un effort, je frappe, mon domestique arrive, & je lui dis : *je viens d'être assassiné*, & m'appuyant sur son bras, je monte dans ma chambre, où me laissant aller sur un fauteuil, je perds tout sentiment.

La personne qui, aux eaux de Spa, m'avoit garanti des effets du désespoir auquel à cette époque on m'a vu livré, logeoit chez moi depuis huit jours, & se disposoit à en partir pour se rendre dans sa famille. Mon domestique effrayé monte dans sa chambre; il l'avertit de ce qui vient de se passer. Elle avoit entendu le coup de pistolet, & dans le premier moment elle avoit cru qu'il avoit été tiré dans ses fenêtres. Elle descend, me donne tous les secours que mon état exige, & m'ayant rappellé de mon évanouissement, elle m'invite à me mettre au lit, renvoyant au lendemain à s'occuper du parti qu'il convenoit de prendre, dans une circonstance si terrible.

On imagine bien que je ne dormis pas. Toute la nuit ma tête fut battue d'idées pénibles & de songes effrayans; je voyois comme des furies menaçantes tous ces hommes qui depuis tant d'années se relayoient pour ma ruine; je ne comptois d'ennemis que parmi ces hommes implacables. Mais sur qui faire tomber mes soupçons? Qui avoit porté ou dirigé le coup dont l'explosion fatale retentissoit encore à mon oreille ? Contre qui falloit-il implorer la vengeance des loix? Après avoir combattu des calomniateurs, j'avois donc aussi des assassins à combattre; & quels assassins! Ainsi jamais de repos, ainsi n'exister toujours que pour se défier, pour craindre tantôt pour sa liberté, tantôt pour sa réputation, tantôt pour sa vie; ainsi, après d'horribles tourmens prolongés pendant plus de cinq années, des tourmens plus horribles encore, & des inquiétudes plus vives succédant sans cesse à de vives inquiétudes; il est impossible d'exprimer tout ce que je souffris dans cette nuit affreufe; je m'agitois fur un lit de ferpens, & il me fembloit que je ne pouvois faire un mouvement fans reffentir une morfure.

Le lendemain, la perfonne dont je parle, & qui depuis n'a pas voulu m'abandonner, envoye chercher un commiffaire & fait verbalifer fur mon affaffinat. Mon chapeau le même jour, percé en deux endroits par la balle qui l'avoit traverfé, eft dépofé au greffe criminel.

Je vais enfuite chez M. le lieutenant - criminel, M. le lieutenant de police & M. le procureur du roi, & je leur rends compte de ma fatale aventure. Ces trois magiftrats n'y voyent pas un crime ordinaire, & conviennent avec moi qu'un pareil affaffinat ne peut être que le réfultat d'une vengeance préméditée.

Des ordres font donnés en conféquence de la part de M. le lieutenant de police pour qu'on veille à ma sûreté, & qu'on travaille à découvrir l'auteur du crime.

Ces ordres, il faut le dire, n'ont point été exécutés (1). Étonné de l'inaction dans laquelle on refte après un attentat fi grave, je cherche à en deviner la caufe, & j'apprends que tous les bureaux de la police, encore infectés de l'efprit de M. Lenoir, retentiffent de calomnies contre moi, & qu'on affecte de m'y faire paffer pour un homme dont les malheurs ont égaré la raifon.

Il y a plus, je fuis menacé en fecret d'être enfermé dans une prifon d'État, fi j'ofe élever la voix contre mes oppreffeurs.

J'étois donc une tête dévouée. Dans une pofition fi cruelle, l'indignation me rend tout mon courage, & je trouve dans les confeils de la perfonne qui s'étoit fait un devoir de s'affocier à mon infortune, toute la prudence dont j'ai befoin pour agir. Je ne l'ai pas dit expreffément, mais on a dû entrevoir que, jufqu'à l'époque de mon affaffinat, forcé, par la néceffité des circonftances, de m'occuper de tous mes intérêts en même tems, fi, d'un côté je faifois quelque effort pour réclamer mon bien, on ne manquoit pas de me diftraire de mon objet par des négociations, ou des querelles avec la dame Kornman ; fi, d'un autre côté, je voulois mettre fin aux défordres de

---

(1) Je croirois manquer à la vérité, fi je ne difois ici, que M. de Crofne dans les différentes circonftances où je me fuis adreffé à lui, m'a toujours accueilli avec tout l'intérêt que ma fituation devoit lui infpirer ; mais il ne pouvoit difpofer de la volonté de toutes les perfonnes attachées à fon adminiftration, & avec les préjugés qui fubfiftoient contre moi dans les bureaux de la police, il étoit difficile que les ordres qu'il donnoit fuffent exécutés.

H ij

la dame Kornman , & diffiper les calomnies dont elle étoit l'occafion , on
ne manquoit pas de m'effrayer , en me menaçant de confommer ma ruine.
Au moyen de cette double manœuvre , employée fur-tout par M. Lenoir, il
avoit toujours été facile d'embarraffer mes démarches , & de me réduire au
filence.

J'adopte , d'après l'expérience du paffé , une marche différente. Pour ne
pas éveiller à-la-fois toutes les haines , je parois perdre de vue , pendant
quelque tems , la dame Kornman ; & je ne m'occupe d'abord que de recouvrer les reftes de ma fortune pour mes enfans.

En conféquence , j'adreffe au Roi , par le miniftere de M. l'évêque de
Metz , qui venoit de fuccéder à M. le Cardinal , dans la place de grand
aumônier de France, un mémoire où je développe le projet dont j'ai parlé
plus haut. Le Roi daigne lire & faire examiner mon mémoire. Le projet
qu'il renferme , eft trouvé avantageux pour le tréfor royal ; Sa Majefté l'ac-
cueille ; & , en huit jours , j'obtiens ce qu'après huit mois de négociations ,
M. Lenoir avoit jugé à propos de rejetter.

En même tems , j'ai recours au bureau des économats. Le Sr. Séguin &
fes affociés avoient bien reconnu que j'avois dépofé dans la caiffe de leur fociété , une fomme d'environ fix cens mille livres ; mais ils différoient toujours
de me rendre leur compte. Je préfente une requête au bureau , pour faire
ordonner que ce compte foit enfin rendu , & que le Sr. Séguin & fes affociés ne difpofent pas à leur gré des revenus de l'entreprife des Quinze-
Vingt ; ma requête eft admife.

En même tems encore , je pourfuis au châtelet la condamnation de cet
entrepreneur infidele , auquel on avoit fait foufcrire une fauffe déclaration
contre moi. Le Sr. Séguin & fes affociés s'étoient , comme on l'a vu , fpécialement chargés de cette pourfuite ; mais , complices de l'entrepreneur dans
fa déclaration , ils avoient négligé de s'en occuper. Je me mets à leur place ; & ,
malgré les efforts qu'ils font pour m'empêcher d'agir , je demande inftam-
ment & j'obtiens que le châtelet continue la procédure commencée contre
l'entrepreneur , jufqu'à fentence définitive.

Cinq mois environ s'écoulent dans ces diverfes occupations. Durant ces
cinq mois ma perfonne eft toujours menacée ; on m'avertit de toute part ,
& fouvent par des voies anonymes , de me tenir fur mes gardes. Je prends ,
pour ma fûreté , toutes les précautions que la prudence me fuggere ; j'évite

de me promener dans des lieux écartés ; je ne fors de ma maifon, qu'autant que la néceffité de mes affaires l'exige ; & j'ai foin d'y rentrer toujours avant la nuit.

Enfin, ayant fait tout ce qui étoit néceffaire pour conferver ma fortune à mes enfans, je fuis revenu à la dame Kornman. On fent bien qu'il ne pouvoit plus être queftion, entr'elle & moi, d'un traité de paix. La vie m'eft peu chere aujourd'hui. Qu'on me la laiffe feulement jufqu'à ce que j'aie affuré le fort de ma famille naiffante, & pourvu, d'une maniere efficace, à ce qu'après ma mort, elle ne tombe pas au moins en des mains intéreffées à fa ruine.

Or, indépendamment de ce qui s'étoit déja paffé, & de l'inutilité de mes efforts, pour rappeller la dame Kornman à un genre de vie honnête & raifonnable, il m'étoit bien démontré que ma perte importoit à quelques-uns de mes perfécuteurs ; & qui m'affuroit que, tandis que de nouvelles négociations s'ouvriroient entre la dame Kornman & moi, s'il arrivoit que je me montraffe trop difficile, un affaffin ne fe trouveroit pas encore pour les affranchir de la crainte que je leur infpire ? Je vivois dans une obfcurité profonde ; &, d'après l'opinion répandue contre moi dans les bureaux de la police, fi je périffois fous les coups d'un affaffin, qui empêchoit de dire que, dans un accès de défefpoir, j'avois moi-même attenté à mes jours ? Alors, que devenoient mes enfans, & leur mere qu'aucun tribunal n'avoit déclarée coupable, ayant inconteftablement le droit de les recueillir chez elle ? A quelle deftinée pour la fuite étoient-ils réfervés ?

Par attachement, par pitié, par devoir pour mes enfans, unique intérêt qui me refte, il a donc fallu, plus que jamais, recourir à l'autorité des loix, pour mettre fin aux défordres de la dame Kornman. Ce n'étoit qu'en me plaçant avec éclat, comme je le fais maintenant, fous leur fauve-garde puiffante, en m'environnant, d'une maniere foudaine, de l'opinion publique, en me donnant, pour quelques inftans, une exiftence remarquée, que je pouvois me garantir de la mort toujours préfente à mes yeux, au moins jufqu'à ce que la tâche que je me fuis impofée foit remplie.

Cette tâche eft une obligation facrée, à laquelle ma qualité de pere ne me permet pas de me fouftraire. J'ai donc dû parler enfin, & révéler des fecrets affreux que j'aurois voulu toujours étouffer dans mon cœur ; malheureux de ce qu'après tant de facrifces, pour rappeller à elle-même une femme que j'ai fi long-tems aimée , je ne fuis pas placé dans des circonftances où je puiffe encore diffimuler fes fautes , & pleurer en fecret fes erreurs.

RÉFLEXIONS.

MON récit eft achevé. En réfléchiffant fur les faits dont je viens de rendre compte , en confidérant cette fuite d'attentats qui compofent ma déplorable hiftoire , ces calomnies atroces , ces délations odieufes , cette complicité conftante de l'autorité qui devoit me protéger , avec la méchanceté qui a confommé ma ruine , il n'eft perfonne fans doute qui , frémiffant à-la-fois d'indignation & de pitié , ne follicite pour moi, dans fon cœur , la juftice éclatante que je réclame.

Mais dans les circonftances difficiles où je fuis placé , tous les reffentimens ne me font pas permis.

Pour mon malheur , je compte , parmi tant de coupables , la mere de mes enfans ; & quel eft l'homme honnête qui , à l'inftant, où, par la fatalité des événemens , il fe voit contraint d'environner fon époufe de la honte d'une procédure criminelle , peut s'abandonner à toute la vengeance , & ne pas fentir , même en accufant , le defir fi naturel de pardonner encore ?

Qu'on me laiffe donc ufer de la trifte liberté de féparer la dame Kornman de cette foule d'hommes pervers qui ont égaré fa raifon. Qu'il me foit permis de caractérifer les crimes ; & , en n'imputant qu'à leurs véritables auteurs les conféquences funeftes qu'ils ont eues pour moi, qu'on fouffre que je détourne un peu, d'une femme qui me fut fi chere , les coups de cette juftice rigoureufe qu'il me faut néanmoins implorer.

J'ai confulté les ufages des peuples, les loix anciennes & modernes, la jurifprudence le plus généralement adoptée ; & j'ai vu que , fi j'écoutois les ufages , les loix & la jurifprudence , il me faudroit mettre au rang des attentats les plus graves , le délit que j'impute à mon époufe, cette infidélité dont elle s'eft rendue coupable , & qui a été la fource funefte de tant d'égaremens & de malheurs ; j'ai vu que , pour me fouftraire au fyftême de perfécution dont elle m'a rendu l'objet , je ne pouvois m'appuyer fur ces autorités d'ailleurs fi refpectables , fans l'expofer à des peines , felon moi , trop féveres.

J'ai confulté l'opinion ; & j'ai vu que , fi j'écoutois l'opinion , ce même délit , confidéré indépendamment de tant d'événemens défaftreux qui en ont été la fuite , n'eft plus regardé , dans nos mœurs , comme une prévarication bien odieufe ; & que l'époux outragé qui , en pareille circonftance , demande que la loi puniffe , excite fouvent moins de pitié que de haine.

Si je n'avois eu égard qu'à l'opinion , je devois donc garder le filence ; & cependant il m'a fallu parler : fi je n'avois invoqué que la loi , je devois donc craindre de rompre le filence ; & cependant on voit bien qu'il m'a fallu parler.

Alors il m'a paru que je n'appartenois pas à une circonftance ordinaire , & qu'on fouffriroit', avec quelque indulgence, que j'allaffe chercher dans la nature toute feule , les principes qui me font néceffaires pour m'élever au-deffus de l'opinion qui me laiffe fans défenfe , & modérer l'action de la loi qui, en puniffant mon époufe , me vengeroit peut-être avec trop d'énergie.

Je crois que la difcuffion, dans laquelle il me faut entrer ici , importe à tous les hommes. Que du moins tout ce que j'ai fouffert leur profite , & que mon infortune les porte à réfléchir avec moi , fur le malheur ou le vice de quelques-uns des préjugés qui les tiennent affervis.

J'ai befoin de prouver , contre nos opinions actuelles , & en raffemblant tous les élémens avec lefquels la nature conftitue l'ordre domeftique & focial, le fyftême de nos mœurs & de nos loix , que l'adultere eft , de tous les délits , celui dont les conféquences font les plus funeftes & le plus ordinairement irréparables.

J'ai befoin de prouver contre un ufage trop généralement adopté , qu'il ne faut pas toujours confidérer ce délit de la même maniere ; & que la loi doit fe laiffer fléchir plus ou moins , fuivant la nature des circonftances qui l'accompagnent.

Les réflexions que je préfente ici , ne font qu'en partie mon ouvrage. Je les dois fpécialement à l'homme qui s'eft fait un devoir de s'affocier à mon infortune ; confidérant les divers mouvemens , dont je me fens agité au milieu de tous les intérêts qu'il me faut ou ménager ou combattre , nulle part il n'a vu de route tracée pour moi ; & il s'eſt frayé celle dans laquelle je vais le ſuivre. Je ne ſais ſi je me trompe ; mais il me ſemble qu'on ne re-marquera rien , dans l'expoſition de ſes principes , que la raiſon la plus exacte & la plus indulgente en même tems ne puiſſe adopter. Je prie qu'on liſe avec quelque attention.

» Je ne crois pas qu'il ſoit néceſſaire d'entrer dans beaucoup de détails , pour établir que l'homme eſt né pour la ſociété , & que la famille , ſans laquelle il n'y a pas de ſociété , réſulte comme elle des premieres & des plus inconteſtables loix de la nature. Quoi qu'ait pu dire l'auteur d'Émile , & les écrivains qui , égarés par ſon éloquence & ſon génie , ont adopté , ſans examen , ſes maximes , il me ſemble qu'il ſuffit d'un petit nombre de réfle-xions bien ſimples , ſur la maniere dont ſe développent & ſe perfectionnent les facultés dont l'homme eſt pourvu , ſur l'eſpece de beſoins auxquels il eſt aſſujetti , pour ſe convaincre que , de tous les êtres qui vivent ſur la ſurface de la terre , il n'en eſt aucun qui ſoit appellé à l'état de famille & de ſociété , d'une maniere plus conſtante , plus impérieuſe & plus déterminée que lui ».

» Certainement , ſi la nature avoit voulu que l'homme vecût iſolé , elle l'auroit fait naître indépendant de toutes relations permanentes avec ſes ſem-blables ; elle n'auroit pas prolongé , pour ſon eſpece , plus que pour aucune autre , la néceſſité de ces relations ; elle ne l'auroit pas aſſujetti à une longue enfance , à une vieilleſſe ſouvent auſſi longue que ſon enfance ; elle ne lui auroit pas donné , dans ces deux périodes de la vie , plus de beſoins qu'il n'en peut ſatisfaire ; & ſes forces , toujours en proportion avec les obſtacles qui nuiſent ou qui s'oppoſent à la conſervation de ſon être , ne le contrain-droient, en aucun inſtant de ſa durée , à recourir aux forces d'autrui , pour ſe procurer le bien qu'il recherche , ou éviter le mal dont il lui importe de ſe garantir ».

» Certainement encore , ſi la nature avoit voulu que l'homme vécût iſolé , elle ne lui auroit pas donné des facultés qui ne ſont relatives qu'à l'état ſo-cial ; cette intelligence , par exemple , qui ne ſe développe qu'autant que ſa ſenſibilité s'étend ; cette ſenſibilité qui ne s'étend que pour l'attacher à tout ce qui l'environne ; cette tendance à ſe perfectionner ſans ceſſe , qui le diſ-tingue eſſentiellement de tous les êtres qui ſe meuvent avec lui ſur la terre; & qu'il ne peut exercer , qu'autant qu'il vit parmi des êtres de ſon eſpece ,

&

& qu'il leur eſt uni par des habitudes durables. Oſeroit-on ſoutenir ſérieuſement que ce ſont-là des qualités , deſtinées à demeurer en lui abſolument
ſtériles , & dont la capricieuſe volonté de ſon auteur ne l'auroit doué , qu'à
condition qu'il n'en feroit aucun uſage » ?

» Et puis , tandis que toutes les autres eſpeces ne croiſſent , ne ſe con-
ſervent , ne ſe multiplient qu'en obéiſſant à la loi qui les régit ; tandis que les
individus , qui compoſent ces eſpeces , périſſent, ſi quelque accident les ſouſ-
trait à l'empire de cette loi , pourquoi l'eſpece humaine toute ſeule , en
agiſſant d'une façon contraire à la loi qui la conſtitue , auroit-elle le pouvoir ſingulier de croître , de ſe conſerver, de ſe multiplier ſur la terre ? Elle
ſeroit née pour la ſolitude , l'iſolement ; la loi de ſon développement l'y
appelleroit , l'y contraindroit même ; & nulle part cependant elle ne ſeroit
iſolée , ſolitaire ; & par-tout , & ſous l'influence de tous les climats , on la
trouveroit aſſemblée en familles , exiſtante ſous des formes ſociales : quelle
étrange créature ſeroit-ce donc que l'homme ? Dans un monde gouverné par
d'immuables loix , où tout a ſa regle & ſa meſure , comment admettre un être
qui ne croîtroit , qui n'agiroit que par un mouvement contraire à celui de
ſon organiſation ; & quelle opinion , je le demande , faudroit- il ſe former
de l'intelligence ſouveraine qui auroit formé cet être inconcevable » ?

» Ainſi , je penſe qu'on peut regarder comme démontré , que l'union des
hommes en familles & en ſociété , réſulte évidemment des premieres loix de
la nature ».

» Cela poſé , il me ſemble que j'aurai prouvé que le mariage , ou l'union
permanente de l'homme & de la femme , eſt également une inſtitution naturelle , ſi j'établis qu'il n'y a ni ſociété , ni famille , ſans cette union permanente , & que l'exiſtence de la ſociété & de la famille n'eſt rigoureuſement
poſſible qu'avec cette union ».

» J'ai beſoin d'inſiſter ſur cette vérité, trop combattue de nos jours ».

» Admettez , pour un inſtant , une diſſolution fréquente & facile de la
ſociété conjugale ; ſuppoſez que l'homme & la femme , comme la plupart
des animaux qui vivent avec eux ſur la ſurface de la terre , ne ſoient appellés qu'à des unions fortuites & paſſageres , je vous le demande , que réſul-
tera-t-il d'une pareille hypotheſe ? Un beſoin impérieux entraîne un ſexe vers
l'autre ; ce beſoin ſatisfait , l'homme & la femme ſe ſéparent ; la femme
devient mere ; & , au terme fixé par la loi de ſon organiſation , elle met au

I

monde l'enfant qu'elle porte dans fon fein. Je veux qu'elle refte auprès de fon enfant , tant qu'elle pourra le nourrir de fon lait ; mais l'efpace de tems , où la nature lui fournit cet aliment falutaire , eft court ; & à peine une année fe fera-t-elle écoulée , qu'obéiffant de nouveau à la voix du befoin , il faudra bien qu'elle l'abandonne , pour devenir mere encore. Seul alors , & le plus délaiffé de tous les êtres , ne connoiffant pas le pere auquel il doit le jour , ne l'ayant point à côté de lui , pour protéger fa foibleffe , que va-t-il devenir ? Et comment , dans un pareil fyftême , avec un pere & une mere qu'aucune relation permanente n'unit entr'eux , arrangerez-vous cet ordre domeftique & focial , dont vous venez d'appercevoir la néceffité pour le développement de notre efpece » ?

» Enfuite , quand l'homme arrive au dernier terme , où trouverez-vous parmi fes femblables , ceux qui doivent pourvoir à fes befoins ? Vous ne me contefterez pas , je crois , que la vieilleffe , comme l'enfance , eft dans la nature , puifqu'enfin nous vieilliffons ; eh bien , avec toutes ces unions inftantanées qui ne laiffent après elles aucune habitude , aucun fouvenir , comment amenerez-vous fur les confins de la vie , autour de l'homme infirme & folitaire , les enfans dont il a befoin pour veiller fur ces derniers jours » ?

» Parcourez les diverfes périodes de la vie humaine , & ne cherchez jamais , que dans le fyftême de nos befoins , les loix auxquelles nous fommes affujettis. Suivez l'homme dans tous les âges ; enfant, il eft & demeure long-tems le plus dénué & le plus foible de tous les êtres ; parvenu à fa quinzieme année , à peine peut-il pourvoir feul à fa fubfiftance ; à peine fur-tout fes forces font-elles affez développées , pour le fouftraire aux dangers de toute efpece qui l'environnent ? Jufqu'à cette époque de fa durée , il faut donc , fi vous admettez que la nature veuille la perpétuité de fes ouvrages , que le pere & la mere auxquels il doit le jour , demeurent auprès de lui pour le nourrir & le défendre ; il faut donc, pendant quinze ans au moins , qu'ils ne fe féparent plus , & qu'une même habitation les réuniffe ; s'ils vivent fous le même toit , d'autres enfans furviendront fans doute , qui leur demanderont les mêmes foins que le premier. Voilà donc à-peu-près vingt années de leur vie employées à la confervation de leur commune famille. Maintenant , à quel âge une femme devient-elle mere fans inconvénient ? Laiffons nos ufages meurtriers , & toutes ces unions précoces , fi multipliées aujourd'hui ; aujourd'hui que ce ne font plus les rapports d'organifation , de caractere & de volonté , mais de froides & triftes convenances qui déter-

minent la plupart de nos mariages. Certainement une femme ne doit être
mere, que lorsqu'elle n'a plus de forces à acquérir , lorsque le développement
de toutes ses facultés physiques est absolument achevé ; c'est-à-dire , à-peu-
près vers sa vingtieme année. Or , mettez à côté des vingt premieres années
de sa vie , les vingt autres années qu'il lui faut sacrifier aux soins qu'exigent
d'elle ses enfans , & déjà la voilà parvenue au terme où la faculté de per-
pétuer son espece n'existe plus pour elle ; déjà se font écoulés les deux
tiers de sa vie ; & la vieillesse approche avec ses infirmités plus ou moins
importunes. Or je le demande ; est-ce à l'époque de la vieillesse , & quand
des besoins nombreux vont l'assaillir , quand elle n'a plus en elle de ressources pour former d'autres habitudes , qu'elle brisera les liens qui l'unissent
à l'homme qu'elle s'est choisi , qu'elle s'éloignera de ses enfans ? Qu'a-t-elle
à faire alors ? que de finir au sein des affections domestiques & douces
qu'elle a cultivées autour d'elle ? Qu'a de mieux à faire aussi l'homme auprès
duquel elle a vécu si long-tems ? On vient de le voir. Ils ne devoient pas se
séparer sans manquer à la loi de leur espece , tant que leurs soins communs
étoient nécessaires à la conservation de leurs enfans; & ils se sépareroient ,
quand leur tâche est remplie , quand leurs forces déclinent ? & d'autres individus qui ne les connoissent pas , qu'aucun rapport de bienveillance du
moins ne rapproche d'eux , se chargeroient du soin de les recueillir dans
leur abandon , & de les environner , sur la fin de leur carriere , de tous les
secours dont ils ont besoin, pour la terminer sans amertume ? Non, quelle
que soit encore sur ce point l'opinion de l'auteur d'Émile , l'union permanente de l'homme & de la femme n'est point l'ouvrage de nos loix positives;
c'est la nature elle-même qui l'a commandée ; & sans cette union , l'état de
famille , & tous les rapports conservateurs qui en résultent , demeurent im-
possibles ».

» Ainsi, l'état de famille & de société résulte évidemment pour l'homme,
des premieres loix de la nature ; & il n'y a ni famille, ni société, si l'homme
& la femme ne sont appellés à s'unir entr'eux d'une maniere permanente.
C'est donc en derniere analyse sur la perpétuité des mariages , ou sur l'union
permanente de l'homme & de la femme , que repose tout l'édifice de la société humaine, quelle que soit d'ailleurs la diversité des moyens imaginés pour
le maintenir ».

» Poursuivons ; après avoir parlé de l'ordre physique des relations qui conftitue la fociété , arrêtons-nous un inftant fur l'ordre moral auquel , dans cette même fociété , nous fommes affujettis ».

» On appelle mœurs , en général , cet affemblage d'affections , d'habitudes , de préjugés , d'après lefquels fe détermine la maniere d'être d'un peuple ou d'un individu. Je crois que je n'ai pas befoin de prouver que les mœurs naiffent de nos rapports avec nos femblables, & que c'eft de la diverfe ordonnance de nos rapports, que réfulte la variété de nos affections, de nos habitudes & de nos préjugés ».

» Les mœurs ne font jamais indifférentes ; c'eft-à-dire , (& il me femble encore qu'il eft inutile d'infifter fur cette vérité) qu'il n'eft pas indifférent, pour le bonheur de l'efpece ou de l'individu , que l'homme foit dominé par telle ou telle affection , tel ou tel préjugé , telle ou telle habitude. ».

» Les mœurs font donc toujours ou bonnes ou mauvaifes ».

» Or , s'il eft vrai , comme je viens de le dire , que les hommes font appellés à vivre en fociété , il eft évident que les mœurs ne feront bonnes , qu'autant que les habitudes , les affections , les préjugés dont elles fe compofent , tendront à rendre leur union plus étroite. Il eft évident que les mœurs feront mauvaifes, toutes les fois que ces préjugés, ces affections, ces habitudes , détournées de leurs véritables objets, tendront à opérer, entre les hommes, un ifolement funefte ».

S'il eft vrai , comme je viens de le dire , que l'état de fociété réfulte pour l'homme de l'état de famille, il eft évident que les mœurs ne feront bonnes, qu'autant , fi je peux me fervir de ce terme , que toutes les fibres morales qui doivent unir les membres d'une même famille , toutes les relations de bienveillance qui doivent maintenir la paix & la confiance au milieu d'eux, fubfifteront avec énergie. Il eft évident que les mœurs feront mauvaifes, toutes les fois que ces fibres morales feront , ou brifées , ou fans vigueur , & que ces relations de bienveillance n'exifteront pas ».

» S'il eft vrai , comme je viens de le démontrer , qu'on ne peut concevoir l'état de famille , fans l'union permanente de l'homme & de la femme , il eft évident encore que les mœurs ne feront bonnes , qu'autant que cette union fera intime ; c'eft-à-dire , qu'autant que fe maintiendront , entre l'homme & la femme , les habitudes qui peuvent leur en faire chérir la durée ; il eft évident que les mœurs feront mauvaifes , s'ils ne vivent, l'un à côté de l'autre , qu'avec indifférence , s'ils marchent enfemble dans la même

(69)

carriere , portant le même joug , & non pas entraînés doucement par la même deftinée ».

» La nature obferve , dans le développement des mœurs , le même ordre que dans le développement de nos rapports ; c'eft du plus néceffaire de nos rapports , de la plus puiffante de nos affections , que les mœurs reçoivent leur premiere impulfion , leur premiere vie. C'eft au fein de l'amour heureux & tranquille , que leur germe fe pénetre d'une chaleur active. C'eft-là que , femblable à l'arbre qui ne s'éleve dans les airs que pour déployer une ombre bienfaifante fur le fol qui le nourrit , le germe des mœurs croît & fe développe ; d'abord , couvrant de fes influences les plus douces , comme d'une ombre voluptueufe & paifible , l'époufe tendre , & l'époux fidele ; bientôt raffemblant , fous cette ombre hofpitaliere , une famille innocente & chérie ; enfuite , & lorfqu'il fe déploye davantage , réuniffant , fous fes nombreux rameaux , tous les habitans d'une même contrée ; & les rapprochant par un attrait irréfiftible , pour n'en former qu'un peuple de freres ».

» Ainfi croiffent & s'étendent les mœurs ; on les détruira donc infailliblement , toutes les fois qu'on les attaquera dans le foyer où leur premier développement s'opere , toutes les fois qu'on appellera l'indifférence , la difcorde & la haine , où l'amour feul doit régner. Alors on les verra fe flétrir dans leur germe ; & ce peuple de freres , & cette famille innocente & chérie , & tous les charmes d'une vie qui s'écoule dans l'abandon des plus douces jouiffances , difparoîtront fans retour , comme les dernieres images d'un fonge que l'illufion du fommeil a produites ; parce qu'il n'y a pas de bonheur durable pour l'homme , fans les mœurs , il importoit de les protéger , & on a inftitué les loix. Car quel eft l'objet des loix ? N'eft-ce pas d'affurer la paix de la fociété ? Et cette paix peut-elle régner long-tems ? Eft-elle même poffible là où les affections des hommes entr'eux ne font pas ordonnées comme le veut la nature ; là où les hommes , affemblés plutôt qu'unis , ne connoiffent pas toutes ces inclinations heureufes , toutes ces vertus paifibles , tous ces utiles préjugés , dont les bonnes mœurs fe compofent » ?

» Qu'on y prenne garde ; les loix , quelles que foient leurs difpofitions particulieres & leurs formes diverfes , fur quelqu'objet même qu'elles ftatuent , n'ont jamais pour terme , ou prochain , ou éloigné , que de nous conferver , dans un ordre de chofes où nous puiffions aimer , tout ce que la nature nous commande d'aimer , où nous puiffions vivre du bonheur de tout ce qui nous environne. Séviffent-elles contre le crime qui compromet notre sûreté, c'eft qu'elles veulent , qu'au milieu de nos femblables , notre fécurité foit entiere , & que les foupçons & la crainte n'alterent pas notre confiance ? Fixent-elles , par des décifions précifes , la maniere dont nous pouvons accroître , tranfmettre ou défendre notre héritage; déterminent-elles les précautions d'après lefquelles nous devons acquérir ou contracter , c'eft qu'il leur importe que la prudence ne devienne pas inquiete & minutieufe ; que la franchife & la bonne-foi demeurent parmi les hommes : c'eft auffi qu'elles cherchent à éloigner de nous , les occafions trop fréquentes de contefter & de haïr. Les loix peuvent fe tromper , fans doute , fur les moyens qu'elles employent; mais toujours eft-il vrai qu'elles ne fe propofent que de nous garantir du tourment des paffions , capables de nous attrifter ou de nous aigrir. Toujours eft-il vrai qu'elles ne s'occupent que d'empêcher que notre fenfibilité ne fe détourne vers des objets qui la dépravent. Toujours eft-il vrai que leur action n'a pour but que des vertus à conferver, que des vices à détruire ; & que leur attention conftante eft de faire en forte que rien ne fatigue le développement naturel de nos habitudes, & qu'il n'entre , dans la compofition de nos mœurs , aucun élement qui les corrompe ».

Or maintenant, (je demande pardon de cette démarche didactique & févere) , puifque les loix n'ont été inftituées que pour maintenir les mœurs , tout délit qui bleffe les mœurs, bleffe donc également les loix ; puifque les mœurs naiffent des rapports naturels des hommes entr'eux , tout délit qui bleffe les mœurs , porte donc un trouble inévitable dans les rapports naturels des hommes entr'eux ; puifque c'eft d'après les rapports naturels des hommes entr'eux que la fociété fe conftitue , tout délit qui bleffe les mœurs, tend donc à opérer, plus ou moins, la diffolution des principes de la fociété ».

» Maintenant encore, puifque, de l'inftitution du mariage , ou de l'union permanente de l'homme & de la femme , vous avez vu réfulter à la fois, & le fyftême de nos relations fociales , & le fyftême de nos mœurs; puifqu'en conféquence de ce qui vient d'être dit, ces deux fyftêmes, qui s'entretiennent l'un par l'autre , repofent fur cette bafe unique ; le délit le plus grave contre l'ordre moral & l'ordre de la fociété , le délit le plus grave contre la nature elle-même , dans le fein de laquelle ces deux ordres ont pris naiffance, eft donc évidemment celui qui attente à la paix des mariages; celui qui, en altérant ainfi les premiers & les plus doux de tous les rapports,

corrompt , dans son principe , & déprave , dans son développement, le systême entier de nos habitudes ».

» Quoi qu'ait pu dire une philosophie trop indulgente ; quelle que soit , au
milieu de la triste dépravation de nos mœurs, l'imprudente légéreté de nos
maximes , ce n'est donc pas déjà une faute ordinaire que d'affoiblir indiféré-
tement , & même sans aucune intention mauvaise , la confiance & l'attachement sans bornes que se doivent deux époux ; ce n'est donc pas une faute
ordinaire , mais un crime véritable, mais peut-être le premier de tous les attentats contre l'ordre de la société, contre le syftême des loix & des mœurs,
que ce délit , trop excusé de nos jours , qui , violant le plus faint de tous
les contrats, éteint pour jamais l'amour en des cœurs faits pour s'aimer ,
& brise sans retour , & comme à la fois , tous les liens qui les uniffent ».

» Laiffez-moi confidérer ici toutes les conféquences de l'adultere ».

» Suppofez l'adultere public ; de combien de troubles, de diffentions, de
haines fatales , n'est-il pas la fource féconde ? Avec quelle terrible explofion
je le vois divifer , difperfer les peres , les époux , les enfans ? Avec quelle
rapidité funefte il anéantit , il bouleverfe au moins le fyftême entier de
leurs habitudes ? Loin de fa famille naiffante , gage encore cher d'une union
qui fût long-tems heureufe , dans quel ifolement affreux va vivre déformais
cette femme infidelle avec trop d'éclat , & dont l'exiftence est pour jamais
vouée au repentir & à l'ignominie ? Au fein de fa famille naiffante , que va
devenir cet époux outragé avec trop de fcandale ? Que d'amertume , que de
regret , que de mouvemens de douleur , de vengeance, il éprouvera dans la
folitude profonde, à laquelle il est auffi condamné ? Comme il fe trouvera
malheureux , en fe rappellant les jours de bonheur qui fe font écoulés pour
lui fans retour; en leur comparant les jours de trifteffe qui leur fuccedent ! Et,
parmi tant de défolation, quelle éducation est réfervée à ces enfans qui n'ont
plus de mere ; devant lefquels on ne peut même prononcer le nom de celle
qui leur donna le jour. Employez toutes les reffources de la morale , pour
leur former une ame aimante & fenfible ; oh , écoutez-moi ! qu'aimeront-ils ?
leur pere , leur infortuné pere ; & alors ils partageront fes reffentimens ; & ils
ne verront plus, que comme un objet d'averfion & de mépris , la femme qui
cependant les a nourris de fon lait ; celle, fur le fein de laquelle ils fe font
endormis tant de fois. Oh, écoutez-moi ! Qu'aimeront-ils ? peut-être leur
mere coupable , mais expiant fa faute par des pleurs éternels ; & alors ils ne

tiendront plus à leur pere , que par les chaînes pesantes du devoir ; & il leur demandera vainement une tendresse dont le germe est étouffé dans leur cœur. Ainsi la famille est détruite ; ainsi tous les individus qui la composent , isolés les uns des autres , vivent avec des intérêts ou opposés , ou différens ; & la paix , avec toutes les affections douces qu'elle produit , est exilée pour toujours du premier sanctuaire que lui avoit destiné la nature ».

» Supposez l'adultere secret. Les conséquences qu'il entraîne , pour être différentes en apparence , en sont-elles moins funestes ? Je veux que vous puissiez constamment réussir à tromper un époux crédule , qu'un événement imprévu ne déconcerte jamais les mesures que vous prenez pour endormir sa vigilance ; je vous le demande , en avez-vous moins porté le désordre & le vice dans l'ame de cette femme dont vous avez égaré la raison ! Ne l'avez-vous pas , pour toujours , placée dans une position fausse , où sa sensibilité ne peut se développer que d'une maniere contraire à ses devoirs ? Ne l'obligez-vous pas , sans cesse , à dissimuler , à feindre ? Ne l'accoutumez-vous pas , sans cesse , à mentir à son cœur , en présence de l'époux qu'elle doit aimer uniquement , & qu'elle est réduite à abuser , par de fausses caresses ou des confidences perfides ? L'amour heureux est la plus douce de toutes les affections de l'ame. L'amour , qui éprouve des obstacles , l'amour , qui ne vit qu'au sein de la contrainte & de la gêne , est , de toutes les passions , la plus terrible , & peut aisément devenir , de toutes les passions , la plus criminelle. Oh ! si celle que vous avez séduite , vous aime , comme il faut aimer , si elle ne vit que de votre vie , si elle va chercher dans votre ame tous les mouvemens auxquels la sienne s'abandonne , combien de fois , impatiente de jouir pleinement de son bonheur , & de se l'assurer sans retour , combien de fois ne désirera-t-elle pas le mal , la mort même de celui avec lequel elle a juré de vivre ? Vous frémissez ! Eh ! qui ne veut briser ses fers , quand il peut les remplacer par les plus doux liens ? Et , si j'osois vous révéler des mysteres affreux , de combien de crimes secrets , & bien plus communs qu'on ne l'imagine , cette fatale pensée n'est-elle pas tous les jours la cause ? Mais laissons-là les crimes , & ne parlons que des désordres qu'une telle situation enfante. Il faut haïr ceux qui nous empêchent d'aimer ; il le faut ; & c'est la nature elle-même qui l'ordonne. A côté de son époux , la femme infidelle n'aura donc que des sentimens d'aversion & de haine. Elle dissimulera ses sentimens , je le veux ; mais continuera-t-elle à mettre dans ses manieres , cette franchise , cette ingénuité touchante qu'il est impossible d'imiter ? Et dès-lors ne

voyez-

voyez-vous pas la froideur, l'indifférence, l'ennui, féparer infenfiblement les époux? Et, d'un pareil ordre de chofes, quel fyftême d'éducation encore va réfulter pour les enfans! Ne remarquez-vous pas également ici toute la chaîne des affeétions domeftiques interrompue, les membres de la famille oppofés entr'eux, & les habitudes qui les ifolent, remplaçant pour toujours celles qui devoient les unir »?

» Ce n'eft pas tout. Vous êtes furpris qu'un égoïfme dépravateur ait envahi toutes les claffes de la fociété; vous vous plaignez de ce qu'il n'exifte plus de bonne-foi, d'intimité dans le commerce de la vie ; vous regrettez, qu'à l'intéreffante bonhommie, à l'antique franchife de nos peres, ait fuccédé une politeffe froide, mefurée, pleine de réferve. Sous l'appareil menfonger de vos fauffes jouiffances, l'inftinét de la nature vous parle encore ; toujours mécontens parmi les vains amufemens qui vous occupent, les diftraétions tumultueufes qui vous entraînent, vous foupirez, en fecret, après des biens plus réels, des plaifirs plus véritables ; votre cœur que dévore une aétivité inquiette, cherche, à travers les fituations tourmentées qui lui font offertes, une fituation qui le repofe. Il a befoin de fe nourrir d'affeétions vives, de fentimens profonds, de s'attacher par des habitudes durables ; &, dans le tourbillon d'intérêts oppofés, qui le preffe de toute part, rien n'appaife, rien n'affouvit ce befoin importun. Étrangers les uns aux autres, obéiffant chacun à des fyftêmes différens, vous difputant le bonheur, comme des ennemis acharnés fe difputent une proie ; ne pouvant plus être heureux, parce que la nature a placé le bonheur pour vous, dans la communauté des mêmes affeétions ; parce que vous ne pouvez être heureux qu'en vous aimant, & que vous ne favez pas, que vous n'ofez pas vous aimer, vous n'exiftez enfemble qu'en vous environnant de toutes les précautions de la crainte, de tous les tourmens de la jaloufie. Vous ne connoiffez plus ces mouvemens libres & décidés d'une fenfibilité qui s'abandonne, ces émotions fi touchantes & fi vives, qui font tant de bien à l'ame qui s'y livre. Vous portez tous, au-dedans de vous, une affreufe folitude ; malgré l'éclat & le bruit qui accompagnent vos jouiffances, toutes vos ames fe taifent ; & l'infupportable ennui, & la trifteffe vague & fans motif, finiffent toujours par en abforber les vaines agitations, & par en éteindre tous les mouvemens ».

» Oh ! voulez vous apprendre pourquoi vous êtes fi loin aujourd'hui de la route que la nature vous avoit tracée? Voulez-vous découvrir où vont fe former tous les fléaux qui vous défolent, s'engendrer tous les vices qui vous

K

travaillent ? Rentrez de nouveau avec moi dans l'intérieur de vos maifons ;
comment vivent entr'eux ces peres , ces époux , ces enfans , qu'une même
habitation réunit ? Que d'antipathies fecrettes parmi tous ces êtres, appellés à
fupporter enfemble la même deftinée! Avec quelle indifférence ils s'abordent ;
avec quelle impatience ils fe fuyent; avec quel dégoût mal déguifé , ils demeurent ! Et quand a commencé le défordre dont vous appercevez ici des
traces fi funeftes ? Je viens de vous le dire ; & il faut le répéter encore.
A l'inftant où l'époufe fut infidelle ; à l'inftant où l'époux a ceffé d'aimer fon
époufe. Alors vous l'avez vu, la confiance mutuelle s'eft éteinte ; alors aux
douces habitudes ont fuccédé les froides bienféances; alors plus d'abandon ,
plus de plaifirs; l'époux & l'époufe ont négligé des devoirs qu'ils ne pouvoient
remplir qu'en commun ; les enfans ne fe font développés que dans un état
de gêne ; & loin des affections paifibles qui auroient dû les environner dès
le berceau , ils n'ont vécu que pour connoître toutes les paffions triftes, qui,
en ifolant l'homme de fes femblables , le rendent par-tout méchant & malheureux. Or maintenant, faites fortir de leurs foyers, ces peres, ces enfans,
ces époux , qui n'ont fait enfemble que le cruel apprentiffage de diffimuler
& de haïr; affemblez en fociété tous ces membres épars : où voulez - vous
trouver les vertus que vous regrettez ? Comment feroit-il poffible que fe
formaffent , parmi tous ces êtres déjà corrompus , les habitudes néceffaires à
votre bonheur » ?

» Auffi, pour le dire en paffant, la plupart des légiflateurs , religieux &
politiques (1) , ont-ils regardé l'adultere comme rompant effentiellement le
mariage. Auffi le divorce a-t-il été & demeure-t-il encore en ufage chez tous
les peuples , où l'on s'eft fpécialement occupé du maintien des mœurs , &
de la confervation des premiers principes de la fociété » ?

» Et ne croyez pas qu'en ceci on fe foit écarté des loix de la nature. J'ai
démontré, je crois, jufqu'à l'évidence , que la nature veut l'union perma-

---

(1) Le divorce eft fpécialement autorifé par plufieurs paffages de l'évangile. l'Églife l'a long-
tems permis; il exifte encore un pays catholique, (la Pologne) où il eft en ufage.

On trouvera peut-être fingulier que me déclarant ainfi le partifan du divorce, je n'aie pas
confenti à ce que la Dame Kornman en fît ufage. Mais on a vu que les loix du royaume s'y
oppofoient. Tout ce qu'elle pouvoit demander en conféquence de nos loix , c'étoit la caffation de
fon mariage , en fuppofant qu'il ne fût pas revêtu des formalités requifes. Or fon mariage ne
pouvoit être caffé , fans que mes enfans ne couruffent le rifque d'être dépouillés de leur état civil
& de leur fortune, &c. &c.

nante de l'homme & de la femme ; mais elle veut auffi , & avec la même force , la perpétuité de l'ordre focial ; mais elle réprouve , de la maniere la plus impérieufe , tout ce qui tend à troubler le fyftême de relations qui conftituent cet ordre. Or , je viens de vous le prouver , le fyftême entier des relations fociales eft frappé dans fa bafe , à l'inftant où la femme devient infidelle ; & , fi la nature veut effenticllement que ce fyftême foit confervé , elle-même doit commander qu'on rompe , fans retour , des liens qui ne peuvent plus être entretenus que pour le détruire ».

» De plus , pourquoi la nature veut-elle l'union permanente de l'homme & de la femme ; je vous l'ai dit ; parce que , fans cette union , le développement de la famille eft impoffible ; mais remarquez avec moi que la fenfibilité dont elle nous a doués , eft toujours relative à la tâche qu'elle nous impofe. Une femme eft deftinée à être mere ; & fa fenfibilité , envers un individu d'un fexe différent , ne peut s'exercer que pour le devenir. Quand elle s'abandonne à celui qu'elle préfere à fon époux , elle ne doit donc l'aimer qu'avec le genre de fenfibilité qui eft inhérent à fa conftitution , que comme pouvant porter dans fon fein le germe d'un autre ordre domeftique , d'une autre famille. Et peut-elle phyfiquement appartenir à deux époux , à deux ordres domeftiques , à deux familles ? Et ne faut-il pas alors qu'elle fe détache toute entiere de l'époux qu'elle outrage , pour fe livrer toute entiere à l'homme qui l'a féduite ? N'eft-elle pas contrainte de choifir entre tant de relations oppofées , & cependant également naturelles ; & , fi vous l'obligez de les confondre enfemble , où voulez-vous trouver en elle l'unité de foins & d'affections néceffaire pour le développement régulier , & la confervation de l'efpece humaine » ?

» L'adultere emporte donc avec lui la diffolution phyfique du mariage ; & le divorce , qui en eft le remede , réfulte évidemment de l'organifation de la femme & des premieres loix de la nature ».

» Mais , quelles que foient les conféquences défaftreufes que l'adultere entraîne après lui , gardez-vous cependant de penfer que ce foit abfolument d'après ces conféquences , qu'il convient de déterminer le degré de peine qu'il mérite. Sondez ici avec moi toutes les profondeurs du cœur humain. Il eft des délits qui naiffent de notre réfiftance aux premiers penchans de la nature. Il en eft qui réfultent de l'abus de ces penchans. Ceux-ci fuppofent une ame entraînée ; ceux-là une ame pervertie. On ne peut commettre les uns , fans étouffer avec violence tous les mouvemens de bienveillance & de pitié

K ij

qui nous rapprochent de nos femblables. Ce n'eft fouvent que parce qu'on a un cœur né pour la bienveillance & la pitié , qu'on devient coupable des autres. Les premiers appartiennent plus à la volonté & au caractere ; les feconds appartiennent davantage à la fenfibilité qui s'égare, à la foibleffe qui s'abandonne. Il faut que les loix foient féveres contre les premiers , lorfqu'il s'agit de punir les feconds ; quelquefois il faut fouffrir qu'elles foient indulgentes ».

» Si ces idées font vraies , quoique l'adultere foit inconteftablement le premier de tous les délits dans l'ordre moral ; quoique je vienne de prouver que , confidéré en lui-même, il tend à rompre les liens de la fociété , cependant comme il naît de l'abus des premiers penchans de la nature , & qu'il les déprave plus qu'il ne les étouffe , il ne fuppofe pas toujours , dans celle ou celui qui le commet , une perverfité bien profonde; & ici , j'ai plus d'une diftinction importante à faire ».

» Il me femble que , pour déterminer le degré de perverfité que fuppofe l'adultere, il faut l'envifager fous trois points de vue; d'abord relativement aux divers âges de la fociété ; enfuite relativement aux divers principes politiques des gouvernemens ; enfin relativement aux individus qui s'en rendent coupables ».

» Si les rapports qui conftituent la fociété , font encore fimples; fi l'on n'y connoît prefque que les befoins de la nature , & les plaifirs faciles qui naiffent de ces befoins ; fi les arts peu nombreux , en portant la fenfibilité vers une trop grande variété d'objets , ne l'ont pas rendue trop inquiete & trop active ; fi chacun jouiffant avec plus ou moins d'abondance , tous cependant jouiffent à-peu-près de la même chofe , & de la même maniere ; alors , dans un repos uniforme , toutes les habitudes fociales s'ordonnent comme le veut la nature ; alors les mœurs font faines , & l'opinion qui , pour ce qui regarde les mœurs , n'eft jamais que l'expreffion de la façon de penfer commune fur ce qui eft jufte ou injufte , fur ce qui doit être permis ou défendu , les protege néceffairement de toute fa force. Là , l'époufe infidelle , là , le féducteur audacieux auront befoin de combattre avec plus d'énergie les mouvemens de leur confcience , & l'exemple général pour devenir coupable. Là , prefque toujours il n'y aura pas d'adultere fans une grande dépravation , fans une perverfité réelle. Là auffi , parce que ce fera fur-tout dans le cercle de fes affections domeftiques , que l'homme aura placé fon bonheur , on affligera , on dépouillera davantage l'époux outragé ; on por-

tera dans fa famille , une défolation plus durable , en brifant les liens qui
l'attachent à fon époufe ; & la loi devra être d'autant plus févere , que le
délit , qui lui faudra punir , fera plus volontaire , & que le dommage particulier , dont il deviendra la caufe , fera plus irréparable ».

» Si , au contraire , les rapports qui conftituent la fociété , font devenus
très-nombreux ; fi , aux befoins qui naiffent de notre conftitution , les arts ,
déjà trop perfectionnés , ont ajouté une fomme confidérable de befoins factices ; fi la fenfibilité de l'homme , qui n'a cependant qu'une certaine mefure
répandue fur une très-grande quantité d'objets , ne fe concentre fur aucun
avec énergie , les relations qui le rapprochent de fes femblables , feront
moins profondes , en raifon de ce qu'elles feront plus multipliées , & chacune
d'elle deviendra moins néceffaire. Alors les mœurs perdront de leur force &
de leur fimplicité premiere ; alors fe fera rarement la nature que l'on confül-
tera , pour former les habitudes domeftiques qui les conftituent ; alors il
fera toujours queftion , fans doute , d'affurer le bonheur de deux époux ,
quand il s'agira de les unir ; mais on n'appercevra pas ce bonheur où il eft
véritablement ; mais on ne le verra prefque toujours, que là où fe trouve le
plus de moyens de fe procurer ce grand nombre de jouiffances factices ,
dont les progrès des arts & de la civilifation nous auront rendus malheureufement trop avides ; alors ce ne feront pas les rapports d'âge, d'inclination,
de volonté , mais les convenances de rang , d'état , de fortune , mais des vues
ambitieufes qui détermineront les mariages. Dans un tel ordre de chofes ,
il ne faudra pas beaucoup compter fur l'affection mutuelle des époux , parce
qu'on n'aura rien arrangé pour la faire naître. Les devoirs qui leur feront
impofés , quels que refpectables , quels que facrés qu'ils foient , n'étant pas
de leur choix , peferont comme un joug fur leurs têtes captives ; l'époufe
qui s'y fouftraira , le féducteur qui tentera de l'y fouftraire , paroîtront donc
moins attenter au bonheur particulier de l'époux qu'ils outragent ; ils femble-
ront n'interrompre que des habitudes mal formées , ne brifer fouvent qu'une
chaîne importune. L'opinion troublée dans fa marche , & qui protege toujours les efforts de la liberté contre la tyrannie , craindra de les flétrir ; elle
les jugera d'autant moins coupables , qu'ils auront eu moins d'efforts à faire
fur eux-mêmes , moins d'obftacles à vaincre pour le devenir , qu'un défordre
antérieur & général aura préparé le défordre domeftique , dont ils font la
caufe ; & quoique le délit qu'ils commettent entraîne toujours , pour l'ordre
focial , les mêmes conféquences, cependant la loi fera contrainte de le punir

avec moins de sévérité, parce qu'elle n'aura pas affez fait pour le prévenir ».

» Il eft des gouvernemens qui protégent efficacement les mœurs ; il en eft d'autres qui s'occupent, d'une maniere moins fpéciale, de les maintenir ».

» Dans les gouvernemens libres, (& ce font ceux qui protégent effica-cement les mœurs), les hommes font appéllés à des habitudes graves & profondes ; occupés d'objets férieux qui les portent fans ceffe à réfléchir fur eux-mêmes, & à ne chercher jamais, hors de la nature, le bonheur auquel ils font deftinés, ils fentent la néceffité d'affurer le repos des familles, & d'empêcher, autant qu'il eft poffible, que rien n'en dérange l'harmonie. Là encore, il faudra fe féparer davantage de l'ordre commun, heurter de plus près l'opinion, pour attenter à la paix des mariages. Là auffi, les loix feront féveres ; & l'adultere fera regardé comme un crime qui fuppofe, dans les coupables, une dépravation réfléchie, & une audace de principes qu'il importe de réprimer ».

» Dans les gouvernemens affervis à des volontés arbitraires, les mœurs n'ont pas tant d'empire. Il femble que, pour y dédommager l'homme de la liberté politique dont il eft dépouillé, on y ait befoin de lui laiffer une plus grande liberté de mœurs ; car la liberté eft un reffort qu'on ne peut comprimer en même-tems dans tous les points ; fi vous le prenez d'un côté, il faut abfolument qu'il réagiffe de l'autre, ou bien, vous le verrez brifer à la fois tous les obftacles qui s'oppofent à fon développement. Là, il y aura donc une plus grande facilité, & fouvent même une grande licence de mœurs ; là, l'homme confervera la faculté d'abufer de fes penchans, afin qu'il s'apperçoive moins qu'il eft privé de la faculté d'exercer fes droits ; là, fi l'adultere eft toujours une faute, il fera rarement un crime, malgré les défordres nombreux qu'il enfante, & les loix, quelque indulgentes qu'elles foient, auront encore befoin de lutter contre l'opinion pour le réprimer, ou le punir ».

» Enfin, fi l'on envifage l'adultere par rapport aux perfonnes qui s'en rendent coupables, il y a des diftinctions bien délicates à faifir ».

» Il me paroît d'abord, qu'il faut diftinguer entre la femme féduite & le féducteur qui la rend infidelle ; celui-ci eft prefque toujours volontairement coupable ; celle-là n'eft trop fouvent qu'imprudente ou foible. Qu'on y prenne garde, les femmes en général, nées avec plus de fenfibilité que de difpofition à réfléchir, deftinées à toutes les émotions vives & foudaines, ne recevant pas, à moins qu'elles ne foient abfolument dépravées, une impreffion qui ne porte fur leur cœur, ont une ame qui s'émeut fans ceffe. C'eft ce mouvement de l'ame qui donne à tout ce qu'elles font cet air de paffion ou de grace qui nous plaît tant en elles, & qu'on remarque auffi chez quelques hommes; mais ce mouvement les difpofe à plus d'égarement, & fi vous confidérez que dans l'intérieur de fa maifon, une femme unie, comme il n'arrive que trop ordinairement parmi nous, à un époux qui n'eft pas de fon choix, & dont l'humeur ne convient pas à la fienne, peut être inquiétée par une foule de petits événemens domeftiques qui ne fe fuccedent, que pour l'irriter ou l'aigrir; fi vous placez à côté d'elle un homme qui toujours libre, toujours indépendant, s'attache à mettre à profit pour lui-même tous ces petits événemens qui l'affligent, vous devez convenir que l'homme qui n'a trop ordinairement que des motifs d'intérêt perfonnel pour devenir coupable, eft bien moins excufable que la femme infidelle, dans laquelle tant de circonftances peuvent étouffer le fentiment qui l'attache à fes devoirs ».

» On doit encore foigneufement diftinguer entre la femme qui a des enfans & celle qui n'en a pas. Les enfans font autant de liens qui attachent une femme à fon époux, & à côté de ces liens, la nature a placé pour elle autant de devoirs impérieux qu'elle ne peut fe difpenfer de remplir. En violant le plus refpectable de tous les contrats, une femme qui joint à la qualité d'époufe celle de mere, rompt donc un plus grand nombre d'habitudes, fe fouftrait donc à plus d'obligations; elle eft donc auffi plus criminelle. Ne jugez pas avec tant de rigueur la femme qui n'eft pas mere. Faites avec moi cette réflexion. Il exifte dans le cœur humain une activité inquiete qui le porte à vouloir jouir fans ceffe, & il ne jouit pas, fi après des émotions vives il éprouve des émotions moins vives. Pour que nos habitudes fe confervent, il y faut donc du mouvement. Le retour des mêmes fenfations les affoiblit, & l'ennui qui ne naît que de l'uniformité des fenfations, finit par les éteindre. La nature qui a voulu l'union permanente de l'homme & de la femme, s'eft occupée auffi d'en affurer la durée, en prolongeant fur les enfans les habitudes qui les rapprochent, en nourriffant ces habitudes de toutes les fenfations nouvelles que le développement de la famille naiffante & les foins qu'elle exige peuvent faire naître. Où il n'y a pas d'enfans, les caufes deftructrices des habitudes qui lient les époux, feront donc plus multipliées; où il n'y a pas d'enfans, le vœu de la nature ne fera donc qu'incomplettement rempli ; où il n'y a pas d'enfans peut-être quand ces habitudes s'éteignent, la nature elle-même ordonne-t-elle le divorce, & si la loi positive le proscrit, la femme infidelle est coupable sans doute ; mais elle l'est d'autant moins que l'attrait le plus puissant pour remplir ses devoirs n'existe pas pour elle ».

» Enfin, il reste une derniere distinction à faire ; l'adultere n'est qu'un délit odieux , toutes les fois qu'il n'a pour cause qu'un libertinage effréné, que le mépris ou l'abus de tous les principes de la morale, quand encore la femme qui s'abandonne, quand l'homme qui séduit n'obéissent l'un & l'autre qu'à de froides combinaisons d'intérêt & de fortune ; alors la nature elle-même est outragée & tous les plaisirs de l'amour sont des crimes. Mais cette jeune infortunée, séparée avec violence de tout ce qu'elle aimoit, unie malgré elle à un maître qu'elle abhorre, arrosant tous les jours de ses pleurs le nœud funeste qu'elle a formé, entraînée par sa conscience vers des devoirs qui l'accablent, rappellée par ses regrets vers celui avec lequel elle eût trouvé tant de consolation à les remplir ; mais cette femme tendre & passionnée dont le sort a été consé dans l'âge de l'inexpérience, à un époux qu'elle connoissoit à peine ; cette femme qui, à mesure que son ame s'est developpé, s'est apperçu trop tard qu'elle n'avoit pas à côté d'elle l'ame qui devoit répondre à la sienne ; cette femme qui, rêvant une destinée plus douce, cherchant comme par un instinct involontaire des rapports plus heureux, a cru trouver dans sa chimere, l'être sensible qui convenoit à son cœur, & qui née pour toutes les vertus que l'amour paisible fait éclorre, mêle toujours des remords aux fautes que l'amour mécontent fait commettre. Eh bien ! je sais qu'elles sont coupables à l'instant qu'elles deviennent infidelles. Mais écoutez ; toutes les affections tendres dont la nature a déposé le germe dans vos cœurs, sont bonnes ; c'est par elles que s'opere le développement de votre être sur tout ce qui vous environne ; c'est avec elles , comme je vous l'ai démontré, que se compose le systême de vos mœurs ; ces affections ne deviennent ou mauvaises ou dangereuses que lorsqu'elles sont troublées. Alors elles se changent en passions, car les passions ne sont que des affections troublées ; alors elles se changent en passions, comme le ruisseau tranquille devient torrent quand on oppose une digue à son cours. Or, si c'est vous-même qui avez opposé une digue au cours du ruisseau ; si une mere jalouse, un pere impérieux, ont commandé l'obéissance quand ils ne devoient que seconder l'inclination ; si pour forger des chaînes, ils ont brisé des liens déjà

tillus

tiffus par l'amour; fi avant que d'unir des époux, ils n'ont pas préparé les habitudes qui devoient unir les cœurs ; fans doute , il vous faudra punir, puifqu'enfin il exifte ici un délit, puifque l'ordre de la fociété & des mœurs eft bleffé; mais que la peine foit légere , qu'elle ait plus pour objet de réprimer que de févir; mais n'oubliez. pas en puniffant, que le délit qui vous eft dénoncé, a été préparé par un crime; car c'eft un grand crime que de difpofer à fon profit ou à fon gré de la deftinée d'un autre, que de violer fon bonheur, fi je peux me fervir de ce terme, que de le placer pour toujours dans une pofition cruelle, où fon ame fera continuellement froiffée par des devoirs pénibles, dont aucun inftant de plaifir ou de paix ne tempérera la rigueur ».

» Ce n'eft pas tout, & j'omettois ici une obfervation néceffaire. S'il arrivoit que l'époux qui fe plaint, eût donné lieu par fa conduite aux défordres de fon époufe ; fi celle-ci n'étoit devenue criminelle , que parce qu'il auroit tranfporté à une femme étrangere l'affection qu'il lui doit , je fais que la faute d'une époufe entraîne toujours après elle des conféquences plus graves, que les déréglemens même les plus marqués d'un époux ; je fais & je crois que je l'ai fuffifamment prouvé, que la femme eft le centre de toutes les habitudes domeftiques , & qu'elle ne peut s'écarter un inftant de fes devoirs, fans que tout cet ordre d'habitudes ne foit troublé; mais ici cependant puifque l'accufateur eft coupable; puifque, s'il ne l'eût pas été, peut-être celle qu'il accufe, feroit encore innocente: faut-il prononcer une peine? Ne convient-il pas fimplement de brifer ou de relâcher des liens qui ne peuvent fubfifter fans inconvénient? Et fi l'on veut abfolument punir, n'eft-ce pas fur l'époux infidele , plus que fur la femme adultere , que la loi doit faire tomber le poids de fes vengeances ».

» Ainfi, en réfumant, l'adultere bleffe effentiellement l'ordre focial : ainfi toutes fes conféquences font funeftes , & néanmoins quand il s'agit de févir contre les individus qui s'en rendent coupables, fi l'on ne veut pas s'écarter de la morale de la nature, fi l'on veut que la peine foit toujours jufte , il importe de le confidérer avec toutes les circonftances qui l'accompagnent; d'avoir égard aux tems, aux lieux, aux perfonnes, aux motifs qui entraînent à le commettre; il importe de ne pas punir toujours avec la même févérité un délit qui, quoique le premier dans l'ordre des mœurs, cependant, felon que nos inftitutions font bonnes ou mauvaifes, tantôt doit être regardé comme une faute , une foibleffe, tantôt eft un crime véritable ».

L

» Encore une réflexion indifpenfable. Gardons-nous d'outrager les mœurs en voulant les venger. Puifque la loi doit être modifiée de tant de manieres, quand il s'agit de prononcer fur la plus ou moins grande perverfité, que fuppofe l'adultere : peut-être feroit-il à défirer que le jugement de ce délit, fur-tout dans nos conftitutions imparfaites, n'appartînt qu'à des hommes que la maturité de l'âge auroit élevés au-deffus des paffions : peut-être fans qu'il fût befoin de loi, conviendroit-il de s'en rapporter fur la néceffité de pardonner, de réprimer ou de punir, à leur longue expérience, à la connoiffance qu'ils auroient du cœur humain, & des motifs fi nombreux & fouvent fi cachés qui le font agir? Peut-être auffi conviendroit-il, que le tribunal augufte où ils prononceroient leurs arrêts, fût conftamment interdit à la curiofité publique; que tous les fecrets domeftiques qu'il faudroit y révéler & qui dònnent tant de prife à la malignité humaine, y demeuraffent enfévelis: en un mot, que leur tribunal fût un tribunal de modération & de paix, toujours environné d'un filence religieux, & dont les accufateurs & les coupables ne puffent jamais approcher, fans fentir expirer dans leur fein les paffions qui les égarent, fans fe trouver comme involontairement difpofés au moins à l'indulgence, à la pitié, à toutes les affections douces & tranquilles dont vous avez vu que les bonnes mœurs fe compofent ».

» Et puifque cette inftitution falutaire n'exifte pas parmi nous, peut-être faudroit-il que l'époux outragé eût le droit de modérer l'action de la loi, toutes les fois que, contraint de recourir à fon autorité, il la juge cependant tróp févere? Que le magiftrat à la bonne heure inflige au féducteur, dans toute fa rigueur, la peine ordonnée par la loi; c'eft affez pour le maintien & l'exemple des mœurs; mais qu'on n'oublie pas que l'époux, qui eft réduit à la néceffité cruelle d'accufer fon époufe, fe bleffe lui-même en l'accufant: que, fi elle eft mere, il bleffe auffi fes enfans; que dans cette fituation accablante, il eft toujours partagé entre le remords & les regrets: & qu'il lui foit permis du moins, quelque graves que puiffent être les circonftances du crime qu'il dénonce, d'implorer contre la coupable une peine qui ne défole pas fon propre cœur, & qui en retombant fur fa famille innocente n'afflige pas la nature ».

Voilà les principes que je crois devoir adopter. L'application à ma caufe n'en fera pas maintenant bien difficile.

Il eft je crois fuffifamment démontré, d'après les faits dont j'ai rendu

compte , d'après l'interrogatoire & les aveux de la dame Kornman , d'après
la correspondance scandaleuse du Sr. Daudet , d'après les dépositions des témoins nombreux que j'ai fait entendre, que la dame Kornman est coupable
d'adultere , que le Sr. Daudet est le premier auteur de ses désordres, que le
Sr. de Beaumarchais en prêtant son appui à la dame Kornman , en contri-
buant par ses conseils , par ses manœuvres , par ses démarches à l'égarer
davantage , s'est lui-même déclaré le complice du Sr. Daudet.

Il est , je crois , démontré d'après le même système de dépositions & de
faits , que M. Lenoir en souftraifant la dame Kornman à mon infpection ,
en la metrant fous la main des fieurs Daudet & Beaumarchais au mépris
des loix les plus faintes , en lui accordant à mefure qu'elle devenoit plus
criminelle une protection plus décidée , n'a fait de l'autorité qui lui étoit
confiée , qu'un ufage condamnable.

Il est enfin , je crois , démontré que le délit que j'impute à la dame Kornman a été la fource féconde d'une foule d'autres délits , felon moi , bien plus
graves & que dans l'ordre des mœurs , il feroit difficile d'en citer un qui ait
eu des fuites plus funeftes.

Je ne dénonce donc pas ici un délit ordinaire , & j'enveloppe dans mon
accufation plufieurs coupables , mais ces coupables ne le font pas tous au
même degré , & fi les principes que je viens d'expofer font vrais , il me femble qu'on entrevoit déjà que ce n'eft pas de la même maniere que je dois
caractérifer leur prévarication ou leurs crimes.

Je fais qu'au premier coup-d'œil , & fi l'on ne s'attache qu'à confidérer
cette chaîne d'événemens défaftreux dont l'infidélité de la dame Kornman a
été l'unique caufe , fi l'on n'arrête fes regards que fur le fcandale de fa conduite , on ne fera pas tenté de la placer au rang de ces femmes plus malheureufes encore que criminelles , envers lefquelles les loix feroient injuftes ,
fi elles puniffoient avec toute leur févérité.

La dame Kornman ne s'eft unie qu'à un époux de fon choix , & des parens
impérieux n'ont point exigé d'elle le facrifice de fa volonté : la dame Kornman eft mere , comme elle eft époufe , & fa famille naiffante auroit dû la
rappeller fans ceffe à fes devoirs; la dame Kornman a vécu long-tems heureufe , à côté de fon époux , & je la connois fincere au milieu de fes égaremens; elle-même atteftera que jufqu'à l'époque de la féduction du Sr. Daudet
aucun procédé , aucune inattention de ma part n'avoient préparé fes erreurs. Il

femble donc d'abord que fes fautes nombreufes font abfolument fans excufe, & qu'aucune circonftance ne peut modérer l'impreffion défavorable qu'elle^s produifent.

Mais j'ai vu la dame Kornman pendant fix années entieres, époufe auffi fidelle, que mere attentive & tendre ; je l'ai vue loin du monde & dans l'intérieur de fa maifon fe priver des diftractions les plus innocentes, pour ne s'occuper que de fes enfans ; je l'ai vue pleine d'une joie douce veiller à côté de leur berceau, & protéger de fes regards leur paifible fommeil ; j'ai vu des larmes d'émotion dans fes yeux, quand elle careffoit fa fille, quand fon fils repofoit fur fon fein. Elle aimoit donc fes enfans. Elle étoit donc née pour la vertu. Hélas ! ne calomniez pas le cœur humain, & quand tant de fenfibilité fe mêle à tant d'erreurs, ne foyez pas inexorable !

Non, malgré tous les outrages dont elle m'a couvert, il n'eft pas en mon pouvoir de la haïr ; fûrement encore elle feroit innocente, fi des circonftances fatales n'avoient amené auprès d'elle un homme d'une perverfité auffi adroite, auffi patiente que réfléchie ; fûrement après fes premieres imprudences, & quand je ne voulois que pardonner, elle feroit revenue jouir auprès de fes enfans de tout le bonheur qui lui étoit deftiné, fi fur les traces de fon féducteur, il ne s'étoit malheureufement trouvé un homme connu par fon immoralité profonde, habile à réduire la corruption en fyftême, environné d'une célébrité qui en impofoit à fon inexpérience, & ajoutant au danger de fes confeils & de fes maximes, toute la force de l'opinion dont il fembloit alors difpofer à fon gré. Sûrement aujourd'hui elle pleureroit auprès de moi fes erreurs, fi le magiftrat chargé d'en interrompre le cours, n'avoit travaillé fans ceffe à lui rendre plus facile la route criminelle dans laquelle une premiere faute l'avoit entraînée ; fi à mefure qu'elle tomboit de chûte en chûte, il ne s'étoit conftamment occupé de rendre toutes fes chûtes légeres, & de lui déguifer ainfi par cet artifice cruel l'abyme profond où elle eft maintenant defcendue. Que vouloit-on que fît contre des hommes accoutumés à féduire, intéreffés à tromper, une femme jeune, inconfidérée, qui, toute fa vie avoit plus fenti que raifonné fes devoirs ? Si toutes ces fautes mifes enfemble reffemblent à des attentats, à côté de chacune de fes fautes, n'apperçoit-on pas toujours l'homme pervers qui la détermine, où plutôt qui l'entraîne à la commettre ! En examinant de près fa conduite, ne remarque-t-on pas toute l'influence de la fociété corrompue dans laquelle on la fait vivre ? Oublie-t-on fi vîte fes premieres vertus ? Et en la voyant foible, impétueufe, égarée, fe débattre parmi tant de perfidies, ne fent-on pas encore quelque pitié dans fon cœur, & peut-on demeurer fans indulgence?

Ah! je ne demande pas que la loi féviffe contre elle ; je me dois à moi-même, je le fais, de l'arracher au fyftême de dépravation auquel elle appartient depuis trop long-tems ; de la garantir des dangers de fa propre inconduite, de lui épargner de nouvelles erreurs, peut-être auffi des crimes. Eh bien! je remplis mon devoir. Je ne -propofe encore que ce que j'ai propofé tant de fois ; qu'il lui foit ordonné de fuir le théâtre trop dangereux pour elle de fes égaremens, que dans le lieu où on fixera fon féjour, on détermine d'une maniere équitable & douce, le fort que je dois lui faire; qu'oubliant l'ufage & fa févérité , on ne la dépouille pas de fa fortune par une confifcation odieufe ; qu'on l'oblige fimplement de l'affurer à fes enfans , puifqu'enfin elle ne peut les en priver fans offenfer la nature ; que d'ailleurs, s'il fe peut, fa deftinée ne foit pas cruelle , & que du moins, la honte d'une condamnation rigoureufe ne fe mêle pas aux larmes ameres que le fentiment de fes fautes lui arrachera déformais.

« Vas malheureufe! aucun mouvement de vengeance ne fe mêle au trifte devoir que je remplis aujourd'hui; ton cœur eft feul! maintenant, il fera toujours feul, tu ne connoîtras plus les affections douces qui le rempliffoient autrefois. Si mes efpérances ne me trompent pas , on te parlera fouvent dans ta retraite des fuccès de ton fils , des vertus de ta fille. Tu les aimois , tu dois les aimer encore , & tu n'oferas pas te réjouir de leur fuccès & de leurs vertus ; & tu te diras dans ton amertume profonde : ils me haïffent , du moins ils doivent me haïr ; je n'ai travaillé que pour leur ruine ; dans mes fureurs infenfées je les ai rejettés de mon fein, & leur bonheur n'eft pas mon ouvrage ; & tu tomberas abattue de trifteffe, & tu n'auras plus de joie, & le remord & les regrets te déchireront tour-à-tour ».

« Dieu de miféricorde & de paix, verfe dans cette ame maternelle & pour toujours défolée , tes confolations les plus puiffantes ; fais-lui d'éclatantes vertus qui effacent à jamais le fouvenir de fes erreurs ; que fes enfans puiffent l'eftimer, la chérir encore; ramene-les quelque jour auprès d'elle; place entre la mere & les enfans, le berceau qui a reçu les enfans, & auprès duquel veilloit la mere avec tant de conftance & de tendreffe; que la mere & les enfans pleurent autour du berceau , & que leurs larmes confondues terminent enfin cette expiation, hélas trop douloureufe ».

Mais fi tant de circonftances me font un devoir de ne parler que le langage de l'indulgence , à l'inftant où je me vois contraint d'accufer une infortunée que j'ai voulu fi long-tems fouftraire à la cenfure des loix, que dois-je à tous ces hommes qui ont travaillé avec une perfévérance fi révoltante à confommer fa dépravation & fa ruine. Ils n'auroient fait autre chofe que fervir fes reffentimens , que partager fes erreurs , qu'ils feroient déjà fans excufe ; & quand on fonge que fes erreurs, fes reffentimens font leur ouvrage; quand on mefure de l'œil cette longue chaîne de calomnies, de perfécutions, de malheurs , d'attentats dont ils ont affemblé les anneaux avec une induftrie fi coupable, que trouve-t-on dans fon cœur , que des mouvemens d'indignation & de vengeance, que cette terreur profonde qu'on éprouve toujours à l'afpect des grandes infortunes caufées par les grands crimes.

Qu'on fe rappelle avec quelle fatale adreffe le Sr. Daudet a égaré la raifon de la dame Kornman. Comme après chaque faute , il lui prefcrivoit une faute plus grave ; comme après chaque démarche, il lui commandoit une démarche plus audacieufe. Comme la plaçant fucceffivement dans des fituations de plus en plus difficiles , il s'eft occupé d'affembler autour d'elle tous les hommes , toutes les circonftances qui l'ont perdue ; comme à chaque inftant étouffant en elle un remords, déracinant une vertu, il eft enfin parvenu à la rendre voifine de tous les crimes Qu'on fe demande enfuite quels motifs ont déterminé le Sr. Daudet dans toute fa conduite. Aimoit-il la dame Kornman ? Non. L'amour n'a pas cette patience & cette perfidie. Toujours quelque regret, quelque remords fe mêle aux attentats qu'il fait commettre. S'il agit, quand il eft irrité , c'eft par des explofions foudaines, & les longues vengeances lui font inconnues. D'ailleurs les lettres feules du Sr. Daudet fuffifent pour dépofer contre lui ; ces lettres dont j'ai craint de faire ufage, qu'on ne peut lire fans dégoût, & où l'on n'apperçoit que l'intrigue qui s'émeut à travers les expreffions du libertinage le plus effréné. Que vouloit donc le Sr. Daudet? Il avoit befoin d'une fortune qui pût fatisfaire fon ambition ; il rencontre dans une maifon qui lui offre l'appareil de la richeffe , une femme jeune , vive & fufceptible d'égarement; il épie le caractere de cette femme, & ufant de toutes les reffources que l'habitude de féduire & de corrompre peut lui fuggérer, le voilà qui s'occupe de l'enlever à fon époux, de l'arracher à fes enfans, de s'approprier fa perfonne & fon bien , indifférent d'ailleurs fur ce qu'elle pourra devenir, l'aviliffant pour fe l'attacher davantage , & ne profitant de la paffion qu'il lui a malheureufement infpirée, que pour en faire fa victime.

Que dire enfuite du Sr. de Beaumarchais ? Que dire de cet homme inconcevable qui, fans aucun prétexte qui lui foit perfonnel, fe jette entre la dame Kornman & moi, rompt toutes les mefures que je prends pour la rappeller à fes devoirs, fe la fait délivrer fans confulter fon époux, fa famille, comme un effet qui lui appartient, & qui la proftitue enfuite à la fociété la plus licencieufe & la plus corrompue ? Que dire de cet homme inconcevable qui, ne me connoiffant pas, ne m'ayant jamais vu, n'ayant aucune raifon de me haïr, médite froidement ma ruine ; qui, quand il a befoin pour me perdre d'un menfonge, d'une calomnie, d'un complot, d'un crime, arrange avec une incroyable facilité le menfonge, la calomnie, le complot, le crime nécef-faire au fuccès du plan qu'il a formé ; qui furprenant ma bonne foi, ne s'introduit dans mes affaires que pour détruire mon crédit, attenter à ma réputation, me dépouiller s'il le peut de ma liberté ; qui, fe jouant avec audace des premieres loix de la nature, commande à une femme égarée les attentats les plus graves contre fon époux & fes enfans, s'affocie à des projets affreux, & l'étourdiffant fur fes démarches lui ôte jufqu'à la pitié que le fpectacle de tous les malheurs dont elle eft le prétexte ou la caufe, devoit exciter en elle ? Que dire de cet homme inconcevable qui, n'ayant étudié le cœur humain que pour mettre à profit fa dépravation, va me chercher des ennemis par-tout où il croit rencontrer des hommes ayant quelqu'intérêt à me nuire, quelque befoin de me tromper; qui, m'ayant enfin trouvé des perfécuteurs à fon gré, immobile au centre de fa conjuration, développe fous mes pas tous les mouvemens de l'enfer, agite, fouleve, tourmente en tout fens le terrein fur lequel il me faut marcher, & dont l'action malfaifante & jamais interrompue, fe reproduit à chaque inftant fous tous les événemens de ma vie, pour les changer, tantôt en circonftances dangereufes, tantôt en fcenes défolantes, tantôt en cataftrophes cruelles.

Sont-ce donc là des féducteurs ordinaires ? Faut-il qu'étouffant tous mes reffentimens je defcende dans ces confciences cadavereufes pour chercher fi par hafard il n'y refte pas quelque fibre encore faine ? Eft-il quelque vertu parmi tant de vices ? Eft-il quelque excufe après tant d'attentats ? N'eft-ce pas contre de tels coupables que la loi doit fe déployer dans toute fa févérité ? N'eft-il pas tems enfin que ces écoles de calomnie, de proftitution & d'intrigue qu'ils ont tant multipliées parmi nous, ces écoles d'où s'élevent, comme des fléaux , toutes les opinions qui nous corrompent , & où fe font formés tant de complots contre les gens de bien , foient pour jamais détruites ? Et feroit-il poffible que des hommes qui , à la honte des mœurs fe font occupés d'y donner , avec tant de perféverance , des leçons trop funeftes , puffent échapper encore à l'ignominieufe deftinée qui devroit être depuis fi long-tems leur partage ?

Enfin, quelle opinion doit-on fe former de M. Lenoir ? Peut-être feroit-ce ici le lieu d'examiner combien eft fouvent fatale à la fociété cette police trop vantée qu'il a dirigée fi long-tems , & des reffources de laquelle il a fi cruellement abufé contre moi. Peut-être feroit-ce ici le lieu de rechercher , fi la police en général ne devant être autre chofe qu'un régime inftitué pour maintenir les mœurs & prévenir les crimes que la dépravation des mœurs enfante, notre police , avec fes précautions outrées , a véritablement atteint ce but fi défirable (1). Il a été, je crois , fuffifamment prouvé que les hommes ne peuvent être bons & heureux que par les mœurs ; que les vertus publiques & particulieres ne régnent parmi eux, qu'autant qu'ils font unis par les liens d'une confiance & d'un fraternité mutuelle, & qu'il n'y a pas de mœurs fans cette confiance & cette fraternité ; il feroit donc vrai alors que c'eft dans des ames folitaires , dans des ames que leurs paffions ou leurs habitudes ifolent de toutes les autres ames , que le crime fe conçoit & fe développe ; il feroit donc vrai que toute inftitution qui concentre l'homme dans lui-même , qui opprime l'énergie douce & puiffante qui le porte fans ceffe vers fes femblables , offenfe les premieres loix de la morale & de la fociabilité , & le déprave de la maniere la plus rapide & la plus inévitable. Or, d'après cette idée, que faut-il penfer de notre police ? Que faut-il penfer de cet efpionnage affreux fur lequel elle s'appuye & qui m'a été fi funefte ? De cet efpionnage qui feme le foupçon , le menfonge & la crainte jufques dans l'intérieur de nos maifons, qui oppofe l'époux à l'époufe , le pere aux enfans, le maître aux domeftiques, qui met le filence dans tous les cœurs & qui en empêche avec tant de follicitude l'épanchement & l'abandon ? Que faut-il penfer de cet efpionnage néceffairement exercé par les hommes les plus vils & les plus corrompus ? Délateurs par état, vendus à l'intrigue , au crédit, à la puiffance , difperfés par-tout pour troubler ou interrompre les habitudes qui nous uniffent, veillant , qu'on me permette de le dire , à côté de chacun de nous, comme on

---

(1) Voyez les confidérations de M. d'Argenfon, fur le gouvernement de France.

veille

veille à côté d'un accusé pour interpréter des paroles , tendre des pieges , surprendre des aveux ? Est-ce donc ainsi que les hommes veulent être gouvernés , & comment a-t-on pu mettre au rang des institutions bienfaisantes , un régime si désastreux ? Un régime qui inquiete , qui tourmente , qui désole toutes nos affections , qui , par une contradiction bien étrange , afin de nous empêcher d'être méchans , étouffe , en nous plaçant dans un perpétuel état de défiance les uns à l'égard des autres , tous les penchans qui peuvent nous rendre bons , & qui nous fait acheter un peu de repos , qu'il ne nous donne pas toujours , par la perte de toutes les jouissances simples & vraies que nous avoit prodiguées la nature (1) ?

Mais il ne m'appartient pas de parler de toutes ces choses , & si je jette un coup-d'œil en passant sur les vices nombreux d'une institution (2) qui plus qu'aucune autre a contribué à la dépravation des mœurs & à l'avilissement des caracteres , c'est que je veux qu'on remarque combien a été coupable l'homme en place , qui n'a pas craint d'employer toutes les ressources de cette institution meurtriere pour ma ruine. J'étois seul , & il disposoit d'un pouvoir formidable , & une armée de délateurs étoit à ses ordres pour troubler ou empêcher mes démarches ; j'étois innocent , & avec cette armée de délateurs qui devenoient à son gré autant d'organes de calomnies , il me poursuivoit par-tout comme un homme justement soupçonné , dont il étoit important de

---

(1) C'est aux administrations provinciales & municipales , que doit être confié le régime de la police ; c'est à ces institutions vraiment paternelles , destinées à faire revivre parmi nous l'esprit de famille & les vertus privées que nous n'avons plus , qu'il appartient de prévenir les crimes. Il faut rendre d'immortelles actions de graces au Monarque législateur qui , ayant médité avec soin sur les élémens de la félicité publique , s'occupe aujourd'hui avec une persévérance si touchante d'établir parmi nous ces institutions salutaires ; la nation lui devra son bonheur , comme elle lui doit déjà sa gloire & il sera compté parmi le petit nombre de rois qui ont aimé le peuple , & qui n'ont été ambitieux , que de sa reconnoissance.

(2) Un des plus grands inconvéniens de cette institution , c'est de dépendre absolument pour le bien ou le mal qu'elle peut produire , du caractere & des passions de ceux qui sont à sa tête. Terrible aux gens de bien , quand des hommes méchans en disposent , funeste aux méchans , quand elle est dirigée par les gens de bien. mais il ne suffit pas que le chef de la police soit integre & éclairé , pour qu'elle ne soit pas nuisible : il faut encore que ceux qui concourent avec lui au maintien de l'ordre public , ayent au moins une partie de ses vertus. Or un tel concert est bien difficile & bien rare. Il faudroit presqu'une autre police maintenant , pour surveiller les nombreux agens que notre police met en œuvre & les empêcher d'abuser de l'autorité subalterne qu'on est contraint de leur confier. Certainement , quoiqu'on en dise , il est possible de trouver un meilleur ordre de choses , pour assurer le repos de la société , & il faut tout espérer des intentions bienfaisantes du Souverain qui nous gouverne aujourd'hui.

M

déconcerter les projets; j'étois perfécuté, & il s'uniffoit à mes perfécuteurs pour me dépouiller de mon honneur & de ma fortune, pour éteindre dans la douleur mes réclamations ; j'étois pere, j'étois époux, je l'implorois pour mes enfans, pour leur mere égarée ; & il s'occupoit d'égarer la mere davantage, & il défoloit le pere & les enfans, & fans remords, fans pitié, il préparoit à tous une deftinée malheureufe. Et cependant , l'autorité dont il ufoit pour me perdre ne lui avoit été confiée que pour me protéger ; il ne devoit s'en fervir que pour affurer la paix des familles & réprimer les défordres ; il ne pouvoit en faire un inftrument de vengeance contre un homme dont la conduite irréprochable lui étoit bien connue , fans qu'il ne fût contraint de s'avouer à chaque inftant à lui-même, qu'il commettoit le plus odieux de tous les crimes; le crime de la force qui foule lentement la foibleffe & qui lui ôte jufqu'à la trifte liberté de fe débattre fous le poids d'oppreffion qui l'étouffe.

» Miniftres des loix, comme vous, cet homme impitoyable eft revêtu du caractere augufte de magiftrat; vous voulez que ce caractere demeure refpectable aux peuples , & vous voyez ici qu'il l'a profané avec autant de perféverance que de fcandale ; ce n'eft donc pas à moi, c'eft à vous qu'il appartient de provoquer comme de prononcer fa condamnation. Je vous le dénonce & je me tais ; & tandis que je pourfuivrai les autres coupables , j'attendrai avec la fociété entiere dont il a bleffé tous les droits en ma perfonne, ce qu'en une circonftance fi éclatante, ordonnera votre impartiale & févere équité , pour l'effroi des hommes qui abufent de leur puiffance , pour la confolation des infortunés qu'ils oppriment , pour le maintien de l'ordre public dont vous vous glorifiez d'être les gardiens & les vengeurs ».

J'AI fini, & je fens un peu de paix dans mon cœur: & tous les devojrs, qui m'étoient impofés font remplis. J'ai écarté de mon front l'opprobre, dont on l'avoit couvert; mes enfans pourront prononcer le nom de leur pere fans rougir, & la honte ne defcendra pas avec moi dans le tombeau. Quand je ne ferai plus , (cette idée confolante appaife toutes mes douleurs) mes enfans n'auront donc pas à redouter l'avenir terrible que leur préparoient mes barbares oppreffeurs. L'opinion honorable dont je m'environne en cet inftant, fe maintiendra long-tems à côté d'eux, pour protéger leur foibleffe : on ne verra pas, fans la plus vive & la plus tendre émotion, ces malheureufes victimes d'une perfécution fi cruelle & fi long-tems prolongée: tous les hommes, qui liront cet écrit, fe prefferont autour d'eux, pour les défendre ; tous les magiftrats, qui vont être mes juges, veilleront avec inquiétude fur leur def-

tinée : le Souverain qui régit cet empire & qui prépare à la nation une légiflation plus douce & des jours plus heureux, deviendra leur pere. Profternés
aux pieds de fon trône, pleins du fentiment de mes malheurs, baignés des
larmes que leur arrachera le fouvenir d'un infortuné, qui n'a fupporté la vie,
que pour les garantir du fort funefte auquel on les avoit dévoués, ils éle-
veront vers lui leur mains innocentes; ils lui montreront mes dernieres penfées :
hélas! les penfées que dans ma défolation profonde, n'efpérant pas vivre affez
pour les diriger dans leurs jeunes années, je raffemblois, mourant de trifteffe
& d'inquiétudes, afin de fortifier leur courage naiffant, contre les longues
adverfités auxquelles je les voyois en proie, afin de leur conferver, s'il étoit
poffible encore, au milieu de la dépravation dont ils alloient être environnés,
toutes les vertus dont j'avois développé le germe dans leur cœur (1). Il fera
ému le pere des peuples! Du haut de fon trône, il laiffera tomber fur mes
enfans un regard de confolation & de pitié; en réfléchiffant fur tous les détails de ma déplorable hiftoire, il concevra des penfées dignes de lui, dignes
d'un Monarque légiflateur; dans un feul événement, il verra le vice ou l'in-
fuffifance de la plupart des inftitutions qui nous régiffent; il affurera par des
loix fages, les mœurs fans lefquelles il n'eft pas de paix, de vertu, de bonheur, parmi les hommes; l'ordre domeftique & focial fe rétablira fur fes bafes
véritables; un grand exemple fera donné aux nations, un grand modéle aux
fouverains : & au milieu de mon chagrin, je fentirai quelque joie, & du moins
je n'aurai pas fouffert inutilement pour mes femblables.

» Providence éternelle, laiffe dans mon fein cette derniere efpérance : tu
as rempli d'amertume une ame que tu femblois avoir deftinée aux affections les
plus douces ; tu m'as fait marcher dans des routes terribles. Ifolé de tous les
hommes, tu m'as mis aux prifes avec le malheur, avec le malheur obfcur
& folitaire. Quand je fuccombois fous les coups de mes implacables ennemis,
aucune voix ne répondoit à ma voix; aucune pitié ne confoloit mon cœur;
mes plaintes fe perdoient dans un épouventable filence, & comme un

---

(1) Mes penfées fur l'éducation de mes enfans, & mes projets pour les fouftraie à la perfécution de mes ennemis, je les avois dépofées dans les mains de la perfonne qui, après mon affaffinat,
s'eft décidée à refter auprès de moi pour m'aider de fes confeils; en même tems comptant fur
fon courage & fur fon attachement, & regardant ma fin comme prochaine, je lui avois légué la
défenfe de mes enfans & l'exécution de mes plans pour leur bonheur. Il avoit accepté ce legs honorable, & dès ce moment il a pris à mes enfans l'intérêt d'un pere & d'un ami.

voyageur tombé fous le fer d'un affaffin dans une contrée déferte, feul,
il me falloit chercher un remede à mes douleurs ; & des mains fecourables ne
verfoient point de baume fur mes bleffures ».

» Ah ! je ne murmure pas de ta rigueur ! Sans doute ici-bas le défordre
des volontés a fa mefure, comme le défordre des élémens ; & un moment
arrive où par de hautes leçons tu avertis les hommes du degré de perverfité où ils font parvenus. Alors quelquefois, pour les inftruire, tu compofes
une grande infortune ; un tombeau s'éleve entr'eux & toi ; un malheureux,
victime innocente des opinions qui les égarent, defcend avec éclat dans ce
tombeau, & la compaffion & l'effroi fe répandent dans toutes les ames ; &
le mouvement des paffions & des préjugés s'arrête : tous s'éloignent du fyftême
d'erreurs auxquels ils avoient jufqu'alors obéi, comme on fuit des ruines menaçantes ; tous cherchent avec inquiétude d'autres inftitutions , d'autre loix,
d'autres maximes ; au milieu de la défolation univerfelle, enfin le jour paifible de la vérité paroît , un meilleur ordre de chofes s'établit , & pour quelques inftans du moins l'humanité refpire ».

» C'étoit donc pour apprendre aux hommes, par un événement mémo-
rable ; jufqu'à quel point la dépravation des mœurs, & l'oubli des premiers
principes de la nature peut leur devenir funefte , que tu m'avois appellé à
l'exiftence. Hélas ! encore un petit nombre de jours, & ma pénible tâche
fera remplie, & tu recevras dans ton fein un infortuné que tu as frappé depuis
long-tems d'une plaie mortelle, pour lequel il n'eft plus de paix, plus de
bonheur fur la terre, mais qui fe foumet avec réfignation à fon fort, puifqu'un peu de bien peut réfulter pour fes femblables, de fa longue & douloureufe affliction ; au moment où tu le foulageras du fardeau de la vie : ah !
fans doute tu exauceras fa derniere priere. La priere de l'homme, opprimé
pour la juftice, doit être puiffante devant toi. Je t'implorerai encore une
fois : oh ! oui, je t'implorerai pour ma malheureufe époufe ; tu recevras en
expiation de fes fautes tous les maux que j'ai foufferts : quand le repos éternel
commencera pour moi, tu mettras un peu de repos dans fon cœur aujourd'hui
fi cruellement agité. Hélas ! combien elle eft à plaindre. Ah , ne réferve
l'indignation des gens de bien que pour fes lâches féducteurs ! Que par-tout
elle trouve l'interêt profond que fa fituation doit infpirer ; que les femmes
qui chériffent la vertu, pleurent fur la deftinée de cette femme autrefois fi
vertueufe & fi tendre ; que toutes ne voyent en elle qu'un exemple déplorable du pouvoir des paffions fur une ame impétueufe , mais cependant

douce & fenfible ; que toutes l'aiment & la confolent, qu'elle vive environnée de l'eftime qu'elle peut mériter encore ; que fes remords s'appaifent ; que fes regrets s'adouciffent ; & que des jours moins malheureux fuccédent aux jours d'amertume & de douleur qui font maintenant fon partage ».

JE déclare que tous les faits contenus dans ce Mémoire font véritables, qu'il me refte à en expofer beaucoup d'autres d'une efpece auffi extraordinaire & qui ferviront à développer le fyftême de perfécution dont je fuis encore l'objet (1). Je demande aux jurifconfultes de Paris & d'Alface, en conféquence de ces faits, des réflexions qui les accompagnent, & des pieces juftificatives qui viennent à l'appui des faits, quelle eft la conduite que je dois tenir dans les circonftances où je me trouve, & quel eft le genre de défenfe qu'il me convient d'adopter, pour obtenir la juftice que je réclame.

Paris, le 20 Février 1787.

G. KORNMANN.

---

(1) Entr'autres faits dont je rendrai compte, je développerai tous ceux qui font relatifs à mon intérêt dans l'affaire des Quinze-Vingt : je ferai connoître avec le plus grand détail les manœuvres criminelles du Sr. Séguin que j'ai à peine nommé dans ce Mémoire; on verra à quel degré d'audace & d'impofture peut fe porter un homme malhonnête, lorfqu'il eft foutenu par une faction d'hommes, difpofant d'un grand crédit, & qui n'ont pas l'habitude de fe déterminer dans leurs démarches par de meilleurs principes que les fiens.